杨瑞霞◎著

一只羊其实怎样

世间万物皆有灵性
愿你被这世界温柔以待

暨南大学出版社
JINAN UNIVERSITY PRESS

中国·广州

图书在版编目（CIP）数据

一只羊其实怎样/杨瑞霞著 . —广州：暨南大学出版社，2018. 8
ISBN 978 - 7 - 5668 - 2444 - 8

Ⅰ. ①一… Ⅱ. ①杨… Ⅲ. ①中国文学—当代文学—作品综合
集 Ⅳ. ①I217. 2

中国版本图书馆 CIP 数据核字（2018）第 171766 号

一只羊其实怎样
YIZHIYANG QISHI ZENYANG
著　者：杨瑞霞

出 版 人：徐义雄
策划编辑：暨　南　周玉宏　冯　琳　黄志波
责任编辑：黄志波　刘舜怡
责任校对：陈皓琳
责任印制：汤慧君　周一丹

出版发行：暨南大学出版社（510630）
电　　话：总编室（8620）85221601
　　　　　营销部（8620）85225284　85228291　85228292（邮购）
传　　真：（8620）85221583（办公室）　85223774（营销部）
网　　址：http：//www. jnupress. com
排　　版：广州尚文数码科技有限公司
印　　刷：广州市穗彩印务有限公司
开　　本：850mm × 1168mm　1/32
印　　张：4. 5
字　　数：90 千
版　　次：2018 年 8 月第 1 版
印　　次：2018 年 8 月第 1 次
定　　价：28. 00 元

（暨大版图书如有印装质量问题，请与出版社总编室联系调换）

序

　　6 月中旬，瑞霞发来信息，告知她的《一只羊其实怎样》上了今年广州市中考语文试卷，作为阅读题占了 22 分，这篇文章选自《天涯》杂志 2001 年第 4 期。我笑说这只羊终于自己走进"羊城"了，对此我并不感到意外。因为我早在 2001年初就已认识了这只羊，这只高贵聪明、特立独行的羊经由瑞霞的笔，已然获得独立的生命。它在世间行走，无论出现什么样的奇遇，我都不会奇怪。

　　在这个世界上，人类一直自诩为"宇宙的精华，万物的灵长"，人类中心主义的观念深入骨髓，因而对与人类共存于这个星球之上的各种动物充满了傲慢与偏见：猪是愚蠢的，羊是柔弱的，狗是忠诚的，猫是傲慢的……不一而足。但世间万物的丰富多彩，岂是我们人类的偏见所能框定的呢？万事万物都有例外，总有一些特立独行的动物越出了我们人类的想象和认知，呈现出造物的奥秘，只有那些独具慧眼的人才能看到这奥秘，比如王小波的《一只特立独行的猪》，再比如杨瑞霞的《一只羊其实怎样》。

　　我们通常以为羊是柔弱、善良的象征，弱势群体的代表；在西方基督教文化语境中，羊还是一种特别容易盲从的群居动物，用来比附人类的软弱盲目，因而有"迷途的羔羊"之说。而《一只羊其实怎样》这篇散文，"其实"二字是文眼，揭开了蒙蔽我们心灵和眼目的云翳，让我们看到一只个体的活生生的羊是怎样的，世界的丰富性多样性又是怎样的。

这只羊高大、健壮、俊美，骄傲自尊，十分聪明，还富于责任感。它会看家护院，会侧脸用一只眼睛贴着玻璃看人；尤其是当它认为有人侮辱了它时，它会立刻还以颜色，抵他一跟头；当有人捉弄它时，它会高傲地轻蔑地走开。这只羊从不把自己当成一只羊，而认为自己是一个人。它所有的不同凡响都来源于此，它的不幸也来源于此。

瑞霞有幸在童年时遇到了这只羊，她以儿童天真无邪的眼光，直接看到了这只羊自然本真的生命状态。日后这只羊沉淀在她的生命中，深刻影响了她对世间所有生命的态度："就这样，一只羊打通了我与其他生命沟通的秘密通道，构成了我对这个世界最初的敬畏和对世间生灵的悲悯，也贯穿了我一生中对所有生命的理解和尊重。"

这种"对所有生命的理解和尊重"，作为一种基调，贯穿了这本集子的始终。比如：那只会看家的鹅、会串门的狗、居然会上房的兔子、给她托梦的猪，还有那只老站舍里的老鼠妈妈，我对这篇散文的喜爱一点不亚于《一只羊其实怎样》。我始终觉得这篇散文有俄罗斯文学的气息：冬夜，一个孤零零的小站，不时传来火车鸣笛声、铁轨撞击声，更显出大地的宁静；室内炉火熊熊，彤红的煤块劈啪作响，年轻的姑娘在围炉夜读。夜半，床头柜里窸窸窣窣，搅得人不得安眠。姑娘猛地打开柜门，一只老鼠闪电般窜走了，剩下一窝四只还没长毛的小老鼠。姑娘敛声屏息，蹲在地上，饶有兴致地观看。那只老鼠妈妈先是探头探脑，后又一溜小跑回来分别叼走了三只小老鼠，最后在她的帮助下，终于叼走了最后一只小老鼠。这些场景画面感超强，充满温馨童趣，令人不禁莞尔。

瑞霞显然不属于高产作家，我想她非不能也，是不为也。因为写作在她心中是第二位的，她不是非得写这些文章不可。借用她所喜欢的电影《纳尼亚传奇》女主角蒂尔达·斯文顿的话说，就是"我没有职业，只有生活"。即使她写得不多，但一篇儿是一篇儿，多有可称道之处。一个写作者，其实不需要写很多，只要有一篇经典之作，比如瑞霞的《一只羊其实怎样》，能被人记住，经得起读者反复咀嚼琢磨，也就够了。

瑞霞的散文没有那些浸淫文坛日久的人一下笔就不免散发的"才子气""文人气"，显得有点另类。我想这个另类来自她文字的明白晓畅、轻灵通透，还有由内而外掩抑不住的智慧光芒，常会令人掩卷深思不已。比如那篇《你做了这辈子最漂亮的一件事》，采用散文少见的第二人称，一路孜孜寻"你"而去，"你"似乎总是在跟我捉迷藏，"我"最后才终于在墓园寻到"你"，读者才恍然醒悟，原来"你"早已离开这个世界。比如《离亲泪》，隐忍克制地叙述父亲病重住院的一系列场景，间或插叙回忆父亲的过往、家中的融融亲情，直到文末"我"劝父亲放心地走吧，昏迷中的父亲眼角缓缓流下一滴泪，全文的感情在此被推上高潮，却戛然而止，留给读者一波波的情感震荡。再比如《尼泊尔"4·25"地震亲历记》，作者一行刚进尼泊尔境内，就遭遇8级地震。慌乱之际，驴友们夸"我"淡定，"我"带着几分诙谐说："不淡定有什么用，这又不是我说了算的事。"平平淡淡一句话，其中却包含着大智慧：接受一切，随缘顺变，不惊不惧。瑞霞说过："对这个世界，我心怀敬畏，只是看上去不那么害怕。而已。"

好一个"而已"！

认识瑞霞十多年了，知道她于佛道浸淫很深，对人生看得通透而达观，活得智慧而快乐，朋友们都由衷地喜欢她，被她所吸引。文如其人，她人生的诗意与哲学都在这本集子里表露无遗了。那么，还何需我饶舌呢？

打开这本书，读下去吧！

王雁翎

2018 年 7 月 17 日

（王雁翎，《天涯》杂志前主编，海南省作协副主席。出版有散文集《不能朗读的秘密》《人在天涯》）

目 录 CONTENTS

1   序

1   **辑一   世间万物皆有灵性**

3   一只羊其实怎样

7   《一只羊其实怎样》后记—— 魅力永久

10   《一只羊其实怎样》附记

21   老站舍里的老鼠妈妈

28   我家咪咪不识数

30   一头给我托梦的猪

35   你是一条大鱼

41   **辑二   愿你被这世界温柔以待**

43   我的老师叫郭伯溪

53   你做了这辈子最漂亮的一件事

61   父亲的手

66   离亲泪

81   不一样的生活

84   原来   老子真的很老

86　　我只想倾听自己

88　　一个人在草地上放一群羊

91　　那个捡鱼的小男孩

93　　**辑三　行走——有情观照**

95　　尼泊尔"4·25"地震亲历记

133　　后　记

辑
一

世间万物皆有灵性

一只羊其实怎样

有人说过，过去就像水一样，要是它在流着，它就流走了，要是它存着，它就干了。听到这句话的时候，我很伤感。感觉像是走进了一片荒漠，这句话告诉你不管朝哪个方向走，你都不可能走出去。不，这时我似乎又听到了另外一个声音，它说，不，它不是这样的。当我们的生命行进到某一个阶段，我们会对生命的库存进行一次清点。这时，我们总是想发现一些什么，我们想知道，生命在经历了那么漫长的一个过程之后，究竟为我们保留了什么。即使过去真的像水一样，它流走了，然而它会留下河床，即使它干了，蒸发的过程也总会有一些沉淀。

对于我来说，我的生命就无意中为我存留了一些印迹——一些人或者事情。另外，还有一只羊。

在我七八岁的时候，家里有过一只羊。是一只绵羊。

它肯定是在很小的时候被买来的。可我完全不记得它小时的样子。在我的印象里它是一只很大的羊。它健壮、肥硕、高傲、沉稳，一副成年人的模样。在我小的时候，我分不清一个人和一只羊有什么本质上的不同。我把它当成家里的一口人，而且是一个大人。现在想起来，当时犯了同样常识性错误的不光是我，还有我的父母，他们肯定是把它当成了我们；还有我的哥哥们，他们把它当成了什么，是不是当成他们自己了呢？当时粮食很紧张，父亲42元钱的工资，养活全家6口人。在这种情况下，一只羊能长成那样的特例，除了一家人，当然包括羊在内的相濡以沫之外，似乎不可能再有别的什么解释了。总之，那只羊是在那样一个错误的环境下长大，结果便是它也跟着犯了一个更大的错误——它从来就没把自己当成一只羊。

对于我们中间一些不曾亲自与羊一起生活过的人们而言，关于羊的认识，往往来自听到的童话。在那个世界里，羊永远是弱势群体，它所代表的特性是柔弱、善良、逆来顺受且又无话可说。而当一只羊真正与我们的生活发生关系的时候，往往已改变了原本的样子，变成了肉的形式，这样它便永远失去了表达的机会，我们便永远无从得知，一只羊想说些什么。而我家的这只羊，在我的思维定式尚未形成时走近了我，我没有那些现有的经验，所以我觉得它所有的作为都浑然天成，非常自然。

首先，它决不逆来顺受。当然，如果确实是它错了，它会沉默着听你教训，可是如果错的是你，是你无缘无故地欺负了它，它不会善罢甘休，用现在的话说，它是一定要讨个说法的。记得有一次，我二哥牵着它去地里吃草，二哥当时还沉浸在头天晚上看的电影《地雷战》里，他捡了一根棍子，又开腿对羊做了一个日本鬼子劈刺刀的动作，他太轻视了一只羊有可能对这个动作做出的反应。绵羊当时发了一下怔，不知它头天晚上是不是也和二哥一起看了那场电影，反正它当即判断出了这个动作所具有的侮辱性质。它把头一低，义无反顾地冲了上去，二哥见它来势凶猛，吓得转身就跑。它在后面奋力直追，一直追出三四里地，最后二哥向它举手投降，它才和二哥和好。

还有一次，邻居家的小伙子在手心里放了很小的一点干粮渣，然后非常夸张地招呼它，它不想辜负别人的好意，走了过去，等它弄明白发生的事情，它选择了轻蔑地离开，在离开的过程中却又出乎意料地转身给了正在得意的那人一个教训，使他记住了捉弄一只羊会遭到什么样的报应。

同样它的行为也引起了围观者的一片大惊小怪。是呀，一只羊怎么可以有这么强的自尊心呢，那个时代人都学会了夹着尾巴做人，一只羊怎么可以这么张扬自己的个性呢？

其实这只羊让人觉得它不像一只羊，不仅仅因为它的个性，它还有很强的责任心。在一个风雪交加的夜晚，一向沉默的它突然放声大叫，低沉的声音表达着一种焦虑，父亲出门一看，原来大风吹开了院门，家里刚买的半大山羊跑出了院子。是大绵羊的警觉使家里避免了一笔不小的损失。所以你同样也没见过会看家的羊吧。

另外还有它的聪明，它的聪明不但让幼时的我觉得非常神秘，即使到今天，我还感觉到几分诡异。有天中午，我妈有事出去，把羊关进了羊栏，还在羊栏的出口处挡了一块菜板，把我关进了屋里，然后锁上了院门。和羊单独相处的时候，我从不敢擅自到它跟前去，所以我一个下午没有出屋。后来大概羊和我一样等得不耐烦了，要不就是它想知道我一个人在屋里做些什么，只听"哐啷"一声，羊抵碎了菜板自己把自己放出来了。然后它直奔房门，用头一下下撞门，我知道它是过来找我了，我当时的反应是赶紧找个地方藏起来，于是我撩起床单，钻到了床下。过了一会儿，听不到撞门声了，我从床下探出脑袋朝外张望，忽然看见大绵羊正把前腿搭在外面窗台上，伸着头朝屋里张望，可能是它的脸太长了，影响了视线，它竟然把头侧过去，用一只眼紧贴窗玻璃，所以它的姿势和表情看上去都格外的怪诞。我在这只羊的窥视下绝望地哭了起来。

当初买这只羊，肯定是要养大后卖掉补贴家用的，可它的种种不同凡响，让它一次次拖延了离家的时间，然而一只羊的最后结局总难摆脱，那是它的宿命。而对于我来说，与它相处的经历，则是一种缘分。我想，如果有一天，我碰到一只羊，它非常体面地走过来，用流利的汉语或者英语同我打招呼，我会很自然地同它交谈，而且一点都不会觉得奇怪。因为在我很小的时候，我就已经知道了，一只羊其实是怎样的。

《一只羊其实怎样》后记
—— 魅力永久

关于那只羊的记忆，是和我对于这个世界最初的记忆一起留存的，它储藏在我的生命里已经许久了。虽然在以后的日子里，它的上面又叠加了无数的记忆，但是它如同白垩纪的恐龙化石，依然是这个世界留给我们的最原始的生动。这生动一方面源于曾经真实的存在，另一方面源于我们的想象。

在这之前，我曾和一些朋友说起过这只羊的故事，一些人为之感动，一些人将信将疑，后来我在很多年里不再说它，但是我隐约地预感到总有一天我会为它做点什么。于是，当有一天，我想对这世界表达一些什么的时候，我写下了《一只羊其实怎样》。

一只羊其实怎样呢？一只羊竟与我们人类约定俗成的关于羊的认识具有如此的天壤之别，不禁让许多读过这篇文章的人感到惊异。同时也证明了我们人类在俯视那些比我们弱小的生命时，目光是多么的傲慢。所谓"卑微"和"愚蠢"往往是我们人类的一厢情愿而已。

其实还不只是一只羊，在我很小的时候，我的目光清澈而且公正，我平等地看待这世上的万事万物，所以它们也向我呈现出了自然而本质的生命状态。在那几年里，不光这只羊有种种不同凡响，甚至我们家一只叫"豁耳朵"的兔子也能像猫一样上房，到房顶上去吃邻居晾晒的玉米。一只大公鹅，每天把守大门，看家护院，有一次我因住校几天没回家，回来时竟被它当作生人拒之门外，我一向门口靠近，它就把头低下，脖子抻得长长的，呼扇着翅膀把我赶跑，它也许不像一只狗那样富于经验，但绝对像狗一样忠实。而我家的狗呢，因为有大公鹅看家，它便经常潇洒地跑出十几里路，去看望我家的亲戚们，如果人家热情挽留，它还要住上一两天。记得我还喂过一只有残疾的小鸡，它一孵出来，嘴的上下两片就像剪刀一样错开，每次喂食，它都跌跌撞撞地去和别的小鸡抢食，可每次都吃不到几个小米粒，有时，我只得掰开它的嘴喂它一点，十几天后，别的小鸡渐渐长大，而它还是饿死了。

　　写到这里，我不禁想起那只羊的最后结局。在那篇文章里，我只写了一句"一只羊的最后结局总难摆脱，那是它的宿命"。实际上，当我写下这句话的时候，我心里明白我是在逃避什么，我用所有羊的结局表明了这只羊的最后结局，在这一点上我还是落入了俗套。虽然我肯定并赞赏了它独特的禀赋和种种不凡的作为，但是我却在它曾经历过的同样独特的苦难面前背过脸去。

　　记得在那个冬天里，因为家里没有多余的食物喂饱它，我的父母只好把它托付给小镇附近村子里一个放羊的老羊倌，说好让他代放到明年春天。然而，让我们没有想到的是，它在羊群里生活了不到一个月的时间，就已经面目皆非了。当老羊倌赶着羊群从我家门口路过时，我母亲重新领回了它。这时健壮的大绵羊已经瘦得只剩下了一副高大的骨架，昔日肥硕的大尾巴成了干瘪的口袋，原来雪白蜷曲的羊毛又黄又脏，而且它还患上了肠炎、哮喘等多种疾病。我记得，当时我们全家人围着它，它沉默地站立在我们中间，每一次呼吸，两肋和鼻翼都费力地张大。此时此刻，我在想，这只从来没把自己当成一只羊的大绵羊，该是怎样度过了那些在羊群里的日子呢？它的聪明和骄傲，它桀骜不驯的个性，这所有的一切到了老羊倌的皮鞭下，除了让它比别的羊受到更多的抽打，还能带给它什么呢？在那些日子里它所经历的压抑、屈辱、绝望以及思念和病痛的折磨，与我们在某些时刻所经历的痛苦相比，谁能说清楚哪个更多，哪个更少；哪个更轻些，哪个更重些呢？后来，尽管全家人精心饲养，它的情况并不见一点好转，在一个集日，父亲把它牵去，卖掉了。

就这样，一只羊打通了我与其他生命沟通的秘密通道，构成了我对这个世界最初的敬畏和对世间生灵的悲悯，也贯穿了我一生中对所有生命的理解和尊重。

《一只羊其实怎样》 附记

我的羊是一只勇敢的羊①

那天我们去恭贺山东省小小说学会成立，在聊城的光岳楼前，曾经有过一段对话，只是后来被招呼上车，匆匆打住，意犹未尽。

从来一个人说话，是要给另一个人听的，再往深处说，是要另一个人懂的。因为看过你关于写作的一些理论和评论，感觉到有一些东西是可以相通的。"一虎一羊"，莫道说也能如此相互理解和欣赏，果然万物有灵啊，看来天下大同为时不远矣。

下面就说说你的留言。

阿瑞：

很高兴，刚刚找到你的羊，一只充满人性和生命共性的羊。

这只羊的性格也像你一样率真自信，当然也充

满思辨的快乐和智慧。

正常的是羊，不正常的是人。羊没有病，是这个社会病了。

阿瑞是个正常人，写出了正常而令大家惊讶的作品。

杨羊有缘，一人羊，一羊人。人羊，善也。羊人，慧也。

卧虎

2011 – 11 – 21

首先，你说"刚刚找到你的羊，一只充满人性和生命共性的羊。这只羊的性格也像你一样率真自信，当然也充满思辨的快乐和智慧"。

这句话里说到了我，关于我，今天就不多说了，我们还是说羊吧。

我赞同你在这里用到的两个词："快乐"和"智慧"。我喜欢这种把它们放在一起的说法。智慧，急中生智，静能生慧，有后天经验的积累，也有先天根器的慧敏。智慧是让人活得开阔而通达的，所以如果你留意一下，就会发现生活中智慧的人往往也是快乐的。

那么"一只羊"的智慧是什么，首先是它保持了本性，不扭曲，不变形，自尊而不卑微，还有它快意恩仇，用现在流行的说法是"我这人从来不记仇，一般有仇当场就报了"，另外还有它的责任感，所有的被尊重，从来都不是向别人要来的，羊也一样。

说到智慧，我很赞同杨晓敏先生关于优秀小小说的评判标准：思想内涵、艺术品位、智慧含量。我觉得在这个颇为权威的评判标准里面，智慧含量是很重要的，但往往也是容易被忽略，或者说是难以达到的。

还有，我很赞同你的一句话："正常的是羊，不正常的是人。羊没有病，是这个社会病了。"

记得，这也是那天我们在光岳楼前的讨论之一，关于普世价值观，关于爱，关于一个民族文明的发展趋势，关于什么是正常、什么是病态的人性，关于小说作者要用什么样的价值观来表现生活……这些话题或许有些大了，但是当我们用一些小小说的例子来说明它的时候，我们会明白我们想说的是什么。

所以我明白，你在这里特意说到了"正常"这个词。

在一个病态的社会里，"正常"会变成"不正常"，并成为一件艰难的事。

但这也正是我们要为之努力的。

今天就先聊这些，无论如何，和一只虎谈经论道（即便是一只卧虎）是一件很勇敢的事情，谁让我的羊是一只勇敢的羊呢？

你的气场有多大①

首先，我还是想从《一只羊其实怎样》说起。

在这里我说明两点：

第一，我知道在小小说的世界里，有很多名篇佳作，且作者和作品都有很大的名头，而我只是混迹其中，但我还是想从它说起，因为我最熟悉它，聊一篇自己最有感觉的作品，才能说出自己最直接的感受。我觉得这是对读者的尊重。

第二，《一只羊其实怎样》从发表到现在已经十多年了，我曾经说过，这些年它独自游走人间，已经不属于我。的确，如果现在我想知道它被收入了哪本书，或者哪本作文练习册，或者哪个学校的语文试卷，我只能从网上寻找一下它的踪迹，自然也很少有人想到要给我这个作者寄书和稿费。不过，我将永远为它骄傲，我知道无论走多远它都是个勇士。它不苟且，不卑琐，即使曾经被抄袭，遭到暗算，受到重创，它依然会受到人们的尊重。

说到"大气"，我首先联想到的是"气势"，然后是"气质"。

关于"气"，我们往往觉得它很虚幻，然而《黄帝内经》不这么认为，它明确指出，有一种阳气是飘浮于人的身体表

---

① 关于《一只羊其实怎样》与评论家卧虎的通信节选之二。

层之外的，是保卫身体最外层的藩篱，故称"卫气"，那么我们现在常说的某个人的气场大小，可能便与这"卫气"的强弱有关。

而一篇小说，也是有气场的。

当年一只羊"荣登榜首"，获《北京青年报》"天天杯"散文大赛一等奖，得到了大赛评委张洁、史铁生、肖复兴、李书磊几位大家的赞赏；被读者推荐到《小小说选刊》后，又得到了杨晓敏总编的偏爱，我想这首先是得益于它的气势，得益于它与这些欣赏它的人气势的相近与气场的相融。所以说，小小说不能小，首先是不能"小气"，要有好的气场和足的能量，当然是要有"正能量"，正的东西，才是力量。

然后是气质。

当我们用"气质"一词来评价小小说时，我觉得它应该和"艺术品位"这个词比较接近。如同一件衣服是棉、丝还是麻，如同人的品质的高低贵贱之分，如同有人形容蔡琴的歌声仿佛黑丝绒的质感……那么一篇小说的气质是优雅的，还是粗鄙的；是开阔的，还是狭隘的；是积极的，还是消极的；是温暖的，还是阴暗的；是开明的，还是愚昧的……这些就蕴含在那些不多的文字之中，虽然你没有明说，但读者是能感觉得到的。

每个人的作品，都带有作者的生命印迹、个人修养和生活态度，即那天我们说到的世界观和价值观。

就我来说，特别喜欢读到一些美好的作品，因为我希望人性是美好的，生活也是美好的。

对这个世界　我心怀敬畏

这个下午，阳光灿烂，咖啡凉了。静默中感觉又有些话要说。

据说宗萨蒋扬钦哲仁波切说过："当我们思考的时候，是困惑。当我们开口的时候，是矛盾。因此世界上不存在'沟通'这件事，只存在'成功的误解'和'不成功的误解'。"我在想，哪怕是"成功的误解"，也是多么的难得，谁又想让别人看得太明白呢？

想起那天在聊城，去看堠堌冢——汉侯王刘庆之墓。堠堌冢在田野间，像座小山，他们几个上去了，我和山东的作家范玮在下面聊了会儿天。黄土，麦苗，古墓，阳光和煦，旁边有一个老者的算卦摊，很有一种时空穿越感。

范玮后来给我发信息说，他很感激那里，在那里他知道了一只羊其实怎样。还说，因为看过之后，这只羊勾起了他心底的事，所以他写了评论《一只羊所告诉我的》。

从来我相信文字不欺人，所以不能自欺。一篇文章打动另一个人，一定是作者和读者之间心与灵的触动。所谓惊心动魄，你的表述只有出于魂魄才能抵达并惊动另一个魂魄。

范玮的这篇评论，首先提到了《一只羊其实怎样》到底是散文还是小小说，这个一直也是让我比较困惑的问题：

《一只羊其实怎样》是阿瑞按照散文来写的，在张洁、史铁生、肖复兴等名家那里获得嘉许甚多，后来被选发在《小小说选刊》，并且得奖。以小小说的面目出现，阿瑞说起来，似乎不怎么买账，有一点儿不情愿。杨晓敏老师何等人也，独具慧眼的他一定是看出了，在品质上，这无疑是小说，而且是好小说。

而我想说的是，我常常自嘲混迹于小小说界，真的不是不买账，而是说我不是一个创作型的小说作者，我也羡慕那些编写故事的高手，但无奈那不是我的强项。我只能走我的路子，也许是老路，但还好不是弯路。还有，我一向感激杨晓敏先生对一只羊的认同，正是他的认同使得这只羊得以纵横江湖十几载，从这一点上，我一直认为这是我的羊自己做出的选择，它一定知道哪里是它将去往并停驻的地方，它知道什么样的人才能看重、理解和欣赏它。别忘了，它聪明着呢。

我特别喜欢这篇散文的文字，它所散发出的那种天真、纯洁、温暖和忧伤。这一家人，孩子分不清羊和人有什么本质上的不同，而大人则把羊当作孩子，甚至是自己。这分明是一种巨大的温暖，因为纯洁，所以干净，因为天真，所以不做作。羊自己也没有把自己当成一只羊，这是一个错误。读到这里，我的心有些紧张，阿瑞在用一种忧郁来预示什么？

　　过后，我才想起，如爱伦·坡所言，忧郁是所有情调里最为正宗的。

的确，忧郁不但是所有情调里最为正宗的，也是一种与生俱来的气质，它来自人天生的悲悯。那样的童年的日子忧伤而快乐，它也往往奠定了一个人一生的基调，一世的情怀。

还有，让我为之震惊的，是范玮下面这段文字，在以前的评论中我还从没有看到过：

　　幼小的"我"在和羊单独相处的时候，不敢擅自到它跟前去。这是一种复杂的感受，戒备、恐惧、尊重，我不知道如何来界定这种状态，但我觉得这种分寸是真实的，是恰到好处的。你我不分的不设防，至少不应该算作对他人自由的尊重……当这只羊把头贴在玻璃上，以格外怪诞的姿势和表情与"我"对视的时候，"我"感觉到了它的孤独，继而是自己的孤独，因此绝望地大哭。其实，这种对视，是羊与人的相互照见，是一个灵魂和另一个灵魂的对视，羊的困境就是人的困境。看起来，这只羊与人隔了一个窗棂，距离很短，但二者又隔着一个世界的距离，愈靠近，愈隔膜。

　　范玮的这段话让我想到了李安《少年派的奇幻漂流》的结尾，少年派和老虎共同经历了海上的磨难之后，终于来到了岸边，少年将重返人间，而虎则归于山林，在派的注视下，老虎渐渐走远，没有回一下头。自由，首先意味着对他人和世界的尊重，即使永远不能真正地相互了解。

　　而接下来我注意到，当范玮说到一只羊的结尾时，他说，由于作者的"抽离"，读者"不曾离场，却有了缺席的遗憾"。而我又能说什么呢，或许，唯有两个字——"不忍"。

　　幸而，范玮看出了这一点，就像他在评论的最后所说的："这是一个伟大的结尾，轮回、再生，阿瑞的小说给了可能，这简直就像埃米尔·库斯图里卡的电影，它浪漫、美好、奇特、魔幻、出其不意，我被巨大的慰藉给包围了。"而我看到这儿，也同样是被慰藉所包围着。

　　读到这样的评论，何尝不是一个写作者的幸运呢？

　　但我又想到，在我的印象里谦逊温和的范玮，为何对《一只羊其实怎样》有这般的感慨，一定是内心某种深刻的缺憾在文字中得到了弥补才会感到如此巨大的慰藉，那么这只羊勾起了他怎样的心事？

　　也许这无须去问，一篇好作品的空间感，就是让读者从中得到不同的想象和感受。

　　至于范玮对我的评价："阿瑞通透果敢，身上有一股子大侠气，可抵挡一切又不可侵犯的样子"，我想说的是，我真没有那么厉害，对这个世界，我心怀敬畏，只是看上去不那么害怕。而已。

杨晓敏先生对《一只羊其实怎样》的鉴赏

《一只羊其实怎样》获奖十年之后，我邂逅了女作家杨瑞霞。漂亮、洒脱、知性，她说起这只羊，似乎像聊着一个知己朋友，说给她的写作、人生融入了别样趣味。我说，羊，祥也，你用文字给它注入了新的生命，它用灵性给你带来了心灵体验，冥冥中，总有一些未知的机遇在为我们提供着某种惊喜。

但我在阅读这篇作品时，觉得《一只羊其实怎样》无异于送给傲慢人类的一首讽刺诗，也是送给人间万物生命的一首赞歌。在杨瑞霞的笔下，这只羊不但"健壮、肥硕、高傲、沉稳，一副成年人的模样"，还一改往日人们印象中羊柔弱、善良、逆来顺受的形象，这是一只不肯向强权低头亦决不放下自尊而且非常聪明的羊，是一只不把自己当成"羊"的羊，是一个浑身充满了灵性而让人敬畏的生命。

作者借助一个孩子清澈无邪的目光，来审视一只羊的生命。这两种载体的选择极为巧妙。孩子恰似人类懵懂的童年，对自然万物充满敬畏，亦最易与自然万物沟通并融洽相处。羊在中国文化中，常常是善良与柔软的象征。一个孩子，一只羊，中间是人类与自然万物沟通的神秘通道，这条通道在这两个生命面前极为自然地就被打通了，进而表达了作者对世界的敬畏之心和对世上所有生命的理解与敬重。而这两种载体的选择，亦非常适合作者这种略带诗性与哲思的叙述与表达。行文舒缓而有张力，语言富有童趣而不失韵味。

作家笔下的那只羊最终难逃作为一只羊的宿命，读来令人忧伤。其实，也正是这一笔才加深了这篇文章的批判力量——一个如此具有生命意识与自我意识的生灵最终在人的操控下走向悲剧性的结局，掩卷时怅然若失，无限感喟，这使得此篇小小说于空灵中陡添厚重，是极典型的"豹尾"。

这只羊应该是幸运的，它毕竟在作者妙笔生花的文字里复活了，并且得到了永恒——"我想，如果有一天，我碰到一只羊，它非常体面地走过来，用流利的汉语或者英语同我打招呼，我会很自然地同它交谈，而且一点都不会觉得奇怪。因为在我很小的时候，我就已经知道了，一只羊其实是怎样的。"

老站舍里的老鼠妈妈

在很久很久以前，我曾在一个小镇上的火车站工作过。

小镇很小，不多的一些房子散落在公路边上。

火车站的路基很高，小站上的老站舍据说是当年修建津浦铁路时德国人盖的，远远看上去像个孤零零的小城堡。近百年的时光过去了，津浦线早改成了京沪线，老站舍连一个插销都没换过，水泥地面平整光洁。京沪铁路修复线时，老站舍的南面又建了新站舍，预制板搭建的候车室像一个方正的空盒子，没有内容。

幸好小站的行李房没有搬过去，还在原来的老站舍里。那时我和一个老师傅在那里两班倒，上一天一夜休息一天一夜。小镇的小站一天只有几趟慢车停靠，零零星星的几个旅客上下车，行李房基本没什么业务。那几年，在那个老站舍里我看了很多的书。

印象最深的是老站舍里的那些夜晚，非常安静。晚秋时候，月光透过西面后门上的玻璃照在屋里的水泥地上，蟋蟀从路基上跑进来，躲在放规章的文件橱下面，很响地叫到后半夜。冬天，站台上雪落无声，室内的红砖砌的炉子燃着大块煤，关了灯，炉火烧红炉盖、烟囱，火光映红大半个屋子。那样一些纯粹的夜晚，自从离开小站，我再也没有见过。

老站舍离铁道很近，每当列车呼啸而过，躺在床上能感觉到床铺的颤动，但这并不影响小站夜晚的安静，它从来就是小站的一部分，而且因为习惯了，它也并不打扰我的睡眠。

但是有那么一个晚上，半夜时分，我突然被惊醒了，惊醒我的是一种我所不熟悉的声音，而且我断定这种声音一定是来自某种异类。

那种异常的声音是从我正在休息的单人床的床头柜里发出来的，那里面放了不知是上几辈子行李员用过的旧表格之类的东西，很久没有清理过了。

醒了之后，我没有动，侧耳细听，里面传出来的时而是窸窸窣窣的小响声，时而是"叽里咕噜"的稍大的响声，像是正在进行一场角逐，或者正在举办一场晚会。我想，这么个小床头柜估计也藏不下大型怪物，于是壮着胆子敲敲床头柜的门，警告里面：安静点，我在睡觉。敲过之后，响声消逝了。可是那种惯常的安静刚保持了一小会儿，没等我再次睡着，响声又起来了。如此折腾了几次，我睡意全无，索性起床，开了灯，蹲在地上，打开了床头柜的门。

我手里拿着一把生炉子用的铁火钩，从床头柜里往外扒拉那些旧表格、登记簿，还钩出来一个旧椅垫。正在这时，一只老鼠飞快地从里面跑了出来，是那种体型很小，到老也长不大的品种，还没等我看清楚，它就从后门下边的缝隙处消失了。这时我才发现那扇厚重木门的下面似乎多出了一个小洞。

我一向厌恶老鼠，这只老鼠的突然现身，让我感觉心里很不舒服，而就在这时，床头柜里又游出一条三尺来长的蛇，也从门缝处遁去。幸好我不是很害怕蛇，否则我半夜三更失声尖叫，听上去一定很瘆人。

这时我才明白，原来我睡觉的时候床头柜里正在上演一场鼠蛇之战。行李房的后门通向小站的后院，后院的下面是公路，再远处是无边的田野，外面的世界这么宽敞，它们为什么要到床头柜里去打仗呢，真搞不明白。

随着老鼠和蛇的撤离，战争平息了。我开始把扒拉出来的东西放回床头柜，收拾完了，接着睡觉，可就在这时我听到柜子里好像还有某种动静，很小很碎的，像是小动物的叫声，又像是纸屑破碎声，因为担心里面不知还隐藏着什么不同寻常的活物，我决定对床头柜进行一次彻底的清理，反正这一晚上的觉我也不打算睡了。

我把铁火钩伸到最里面，这次扒拉出一堆纸屑棉絮，而随着纸屑棉絮一起出来的，竟然是四只小老鼠。

小老鼠看来刚出生不久，粉嫩的小身子，通体无毛。从床头柜的窝里一下子掉到了冰冷的水泥地上，显然很不适应，闭着眼睛吱吱叫着在原地打转（说它们闭着眼睛，是我猜的，没看那么仔细）。

我稳了稳神，脑子里开始盘算处置它们的方案。首先想到的是马上把它们消灭掉。可是以什么罪名捕杀它们呢？老鼠作恶多端，人人都知道，但眼前这四只小老鼠刚刚出生，什么坏事还没来得及干，一副清白无辜的样子。我真是有点下不了手。

那么就采取另外一种方案。刚才逃走的那只老鼠，无疑是这四只小老鼠的妈，刚才柜子里的响声，无疑是它们的妈为了保护它们正在和蛇进行搏斗。而正是我的出现，才使得它不得不舍弃了刚搬好的新家仓皇出逃，不得不遗弃了自己的孩子……照此推理下去，我似乎应该对这四只小老鼠的生命安全负责，可是谁会养几只小老鼠呢，要是四只刚出生的大熊猫还差不多。

我甚至还想到了外勤值班员老于说过的一个偏方：把没长毛的小老鼠装进瓶子里，用香油泡上，在地下埋上几年，再挖出来，治烫伤非常灵验……

正在我胡思乱想的时候，一个意想不到的情况出现了——那只逃走的老鼠回来了。

它先是在门缝那里试探了几次，见我对它的出现没有什么反应（实际上我已经让那几只小东西给弄懵了）便径直来到我跟前，叼起一只小老鼠，很麻利地顺着原路跑了出去。过了不久的工夫，它又返回，照原样叼走了一只。眨眼之间，我眼前的四只吱吱乱叫的小老鼠就变成了两只。

当时行李房亮着 100 多瓦的灯泡，我就蹲在那儿，那只老鼠在我的眼前几番跑进跑出，我连它身上的鼠毛都看得很清楚，而我的手里还握着那根铁火钩，生炉子的时候，我常用它敲开那些大块的烟煤，现在我只要一出手，老鼠登时就得丧命。可是当时的情形是，铁火钩并没有落下去，老鼠也好像忘记了害怕，或者根本就是我怕了它。

紧接着，那只老鼠又第三次返回，并叼走了第三只小老鼠。于是我的眼前就只剩下了最后一只，还在那儿笨拙盲目地叫着爬着。

忽然我有些生气了，光天化日之下（虽然是晚上，可电灯很亮），这只老鼠竟然如此大胆，公然在我的眼皮子底下，解救了三只小老鼠，当我不存在吗？再说老鼠从来就是人类的公敌，平时恨得人们想逮它都逮不着，而现在我却几乎如此轻易地放过了它们，简直是天理难容。不行，不能太便宜了它。于是，我从废纸里捡出一个牛皮纸信封，把最后一只小老鼠装进去，把封口折了一下，然后放到原地。

这时那只老鼠又回来了，并且很快判断出最后那只小老鼠就在那个信封里。它先是围着信封转了几圈，然后用嘴叼起信封的一头，在地上拖着往门口拉，到了门缝那儿，信封被挡住了，老鼠试了几次也没能弄出去。我往前挪了一下脚步，想看清楚一点，被老鼠察觉了，它丢下信封，从门缝钻出去，跑了。

也许它决定放弃了，要么它是搬救兵去了，我正想着，那只老鼠却又只身回来了，还是像刚才一样，叼着信封吃劲地在门缝那儿折腾，还试图用牙把信封咬开，反正看它的架势这次分明是无论如何也要把它最后一个孩子带走，一个也不能少。这时，我有些不忍心了，伸过手去，拿起信封，把困在里面的小老鼠倒了出来。我这样做时，那只老鼠就躲在一边惊恐地看着，小老鼠刚一落地，它就跑过来，把小老鼠叼上，飞快地溜走了。

那天的后半夜，我没有睡着，以前没注意过夜里竟然有那么多的列车从小站上通过。忽然想到妈妈说过，我出生那年，父亲正在这个小站当扳道员，他是跑通勤，下白班没有通勤车回不了家，就睡在老站舍后院的休息室里。妈妈说，那年的雨水很大，蚊虫肆虐，父亲把他的单人蚊帐拿回家，把我放在里面。那些被蚊子重重包围的夜晚，他是怎么过来的呢？

…… ……

后来我离开了小站，很多年没再回去过，只是听说小站被铁路局给取消了。

前不久出差，我坐的火车行驶在京沪铁路线上。看着窗外的风景变得越来越熟悉，我预感到小站快到了。我从包里取出摄像机，打算透过车窗拍一下小站，即使是个影子一闪而过，也总算是留住了一点旧日的痕迹。我举着摄像机，小站应该就在窗外了，可是从摄像机的镜头里望过去，原本老站舍矗立的地方却变成了一处空地，一片废墟。

小站已经被拆除了。

当我意识到这一点的时候，内心一阵伤感，那些关于小站的回忆，那些记忆中的老站舍里的白天和黑夜，像是一群被惊扰了的蝙蝠四散奔逃，老站舍没有了，我没地方安放它们了。

那只老鼠呢，它早已儿孙满堂了吧。

我家咪咪不识数

我家咪咪是只纯白的母猫，第一次做母亲就生了三只小猫。它很会带宝宝，几天后小猫个个长得又健康又漂亮，它每天小心地守护着它们，几乎寸步不离。它的家在西偏房里，我去喂它时，常忍不住把雪团似的小猫捧在手上，总也看不够。每到这时，咪咪就不吃不喝，很警惕地望着我。听人说过，母猫生了小猫后，一旦被属虎的人看到，它就会不停地搬家。我不太相信这个说法，猫怎么可能知道人是属什么的呢？我想，再说了我又不属虎，而且平时它最信任我，估计看看它的宝宝不会产生什么不良后果。可事实证明，我有点儿过于自信了。

小猫生下来十多天的时候，中午，我去喂猫时，忽然发现猫去窝空，大小猫都不见了。我找遍了整个院子，才发现咪咪带着三个儿女住进了西屋和院墙之间的夹缝里，而且把家安在了最里端。那个夹缝也就一尺宽，人侧着身也进不去，这下不要说摸到猫宝宝，连看都甭想了。任凭我在夹缝外怎么叫，咪咪也不肯出来。我只好把猫食放在了夹缝口那儿。

　　几天后的一个下午，天气非常闷热，一场暴雨即将来临。我开始为咪咪一家担心。这时，我看见咪咪从夹缝里探出身来，嘴里叼着一只小猫，匆匆地跑进我们住的北屋，然后钻进书房，把小猫放到床下，接着又跑回去叼来一只。我撩起床单一看，它这次把家安在了床下的一个纸箱里。原来它早就为全家找好了避雨的场所。此刻它正眯着眼睛给小猫喂奶。

　　我有些纳闷，应该有三只小猫，它怎么只叼来两只呢？我来到夹缝那儿，听到里面好像还有小猫在叫。真是个粗心的妈妈！我走进书房，把咪咪抱出来，它很气愤地冲我又抓又叫。我把它扔进了夹缝里，它这才发现了自己这个严重的失误，它急忙跑进去，把第三只小猫叼进了纸箱。这时，天上开始噼啪地落雨点了，这下我总算是放心了。没想到，咪咪把第三只小猫放好后，却又返回到院子里，冒着雨钻进夹缝继续寻找，一边找一边叫，一副失魂落魄的模样。

　　这时我才明白，原来咪咪根本不知道自己生了几只宝宝，它没有数字概念，所以它的戒备心才这么强，它寸步不离地与宝宝们厮守着，可能它认为只有这样才不会失去它们。

一头给我托梦的猪

我小时候，家里养过羊，那只桀骜不驯、健壮聪明的羊，后来被我写成了《一只羊其实怎样》。

大哥喂的安哥拉兔，长到十四斤，在当地堪称"兔王"，它曾咬过我妹妹的手，妹妹那时还不会说话，一边哭一边摇晃着流血的拇指向它示威。有时它趴在大哥身边，大哥划拉它的脊背，它像猫一样眯着眼睛睡觉，只是不打呼噜。

还有过一只大公鹅，会看家，能辨认出自家人和生人，只是时间有限，有两天不见面，它就把你忘了，毕竟它那可怜的小脑袋瓜儿，储存不了太多的记忆。

那时邻居家的狗们，每天早上来家里串门，来了，和家里的每个人有礼貌地打过招呼，还得再坐上一会儿才走，有时院子里的饭桌没来得及收拾，它们即使饥肠辘辘，也从不擅自靠前。

长大些以后，在农村看到那些牛、驴、马，觉得很亲切。我把青草喂到牛的嘴边，看着马那俊美的眼睛，和它说话。

所有的家畜中，我只是对猪比较有隔膜。

我从小爱吃肉。记得就在大约十年前，有一次去参加婚宴，遇到一个男人劝酒，我说："我不和你比喝酒，我和你比吃肉吧。"结果他认输了。只是这些年肉吃得少了，因为关于胆固醇、高血脂之类七七八八的说法太多，我也由食肉动物变成了杂食动物。后来又因为某种机缘我开始了茹素。

说到吃肉，虽然羊肉、牛肉、鸡肉都是肉，但如果不加以说明，只说"今天炖肉"，或者"这肉真香"，我们都明白这里的"肉"说的是猪的肉。

而当我们反感某一个人，有时会骂——"简直像头猪"。

在这里猪代表的是肮脏、愚钝、贪吃、肥胖、没有追求的意思。

也就是说，我们人类与猪的关系，既密切又疏离，既喜爱又嫌恶，既养它又杀它，如此这般，已经很多很多年了，已经是天经地义的事了。

即便是我这个从小喜欢动物且自我感觉与它们心有灵犀的人竟也从没对此产生过质疑。

直到有一天，我做了一个奇怪的梦。

梦里。也是在夜里。我看到前面有一个车间样的建筑，像是几节连在一起的客车车厢。其中一节装有透明玻璃，里面的灯光很亮，两边各有一个小门。我站在外面的不远处，能清楚地看到里面的景象。

梦里，没人告诉我，但我好像知道这是个现代化的屠宰场。所谓现代化，便是指分工明确、流水作业的那种。也就意味着一头猪一旦从这头进去，从那头出来的时候，已被肢解完毕，它身上的各个部位已按照不同的用途和分量，被分别装进了各种包装袋里。

而这个透明的灯光明亮的车间便是其中两道工序间的一个通道。

正在这时，我看到一头猪从南面的那道小门里出来了。与此同时，我还看到这个通道的地面是有坡度的，由南向北倾斜，也就是说，当一头猪从南门进来，不管它愿不愿意，它只能走进北面的小门里。

而这是一头已经走过了几道屠宰工序的猪。是一头白猪，也许是一头黑猪，当猪身上的毛被刮光之后，黑猪与白猪还有什么分别呢？此刻，那头猪不仅没有了毛，甚至已经不再算是一头完整的猪。好像是眼下正流行的一种养生之道，按照此理论，猪身上某个部位的肉要在它活着的时候被切割下来，营养才不会被破坏。那么这头猪刚刚经历的似乎便是那道程序。

夜色苍茫。里面的灯很亮。我在黑暗里看着那头猪。它受了重创，滴着血，但是它还活着。接下来，它还要自己走到另一头的小门里，去接受最后的死亡。那头猪好像已经明白了它的命运，脚下地板的斜度也在告诉它，走不走，都要进入那道门。

奇怪的是，我梦里的这头猪，没有像平常看到的那些待宰的猪一样，拼命地嘶叫或者左冲右撞。它只是有些吃力地回头看了看刚刚走过的那扇门，好像知道自己已经回不去了，它又向西面的玻璃墙走了几步，然后站住，停留了片刻。外面一片黑暗，我能看清灯光下的它，而它应该是看不到我的。即使是它看到了我，我又能做什么呢？它命运的最后结局已近在咫尺，没人能帮得了它……但就在这时，我却突然清晰地感受到了它的疼。疼痛感本是生命个体的一种自我体验，无法相互传递，而那一刻我的确感受到了来自它身上的那种极度的疼，一种我从小到大从没有体验过的剧痛……而就在这时，那头猪离开玻璃墙，沿着倾斜的地面不由自主地向前踉跄了几步，消失在它面前的那扇门里。

结束了。关于那头猪的一切。它卑微的生活。它简单的愿望。它最后的疼痛、恐惧和绝望。

我从梦中醒来。惊醒的一瞬间，身上的那种疼痛感随即像潮水一样"唰"地退了下去，但我心里很难受很难受，直到天亮。

我相信那一定是一头猪濒死时给我托的梦。它把它生命最后的体验呈现和传递给了我。可是那又怎么样呢？

我又能改变什么呢？

只是似乎从那时起，我的某些神经重新变得敏感了，一些声音被放大了。

比如在鱼市，当鱼贩子摁住一条活鱼刮鳞时，那条鱼的颤抖。

比如当那些活的螃蟹、皮皮虾被放进蒸锅，蒸汽上来时， 它们抓挠锅盖时那 "唰啦唰啦" 的声音……这样一些情景， 让我再也无法容忍和忽略。

即使， 我们人类认为自己有权处置它们的生死， 我们是否可以不那么残忍。

…… ……

就在前几天， 我在电视上看到一个故事。

一个山区小镇上的老人养了一头猪， 因为种种原因一直没有卖掉， 后来那头猪渐渐长到了 1 000 斤。 镇上要办万人宴， 出一万元来买这头猪， 老人说什么也不肯卖， 这时有消息说， 你不肯卖猪， 镇上就不再给你低保了。 那个八十多岁的病弱的老头说， 不给就不给吧……

我在想， 这头猪几生几世才修得来这等的造化呢。

你是一条大鱼

它是一条神奇的大鱼。

蒂姆·伯顿的影片《大鱼》是一部神奇的影片。

此刻，窗外电闪雷鸣，天空阴郁，雨打在玻璃窗上，通常在这样的时刻我会感觉不安，有些惊惧，也有隐隐的期待，我认为这样的时刻不同寻常，天地交融，阴阳际会，会有奇迹发生。

是的，一直以来我相信奇迹，我相信奇迹让我们的世界、让我们的生活变得深奥而生动，于是在这个下午，当我独处，我又一次看电影《大鱼》。

当梦想与你相遇 / 当命运赐你机缘 / 非凡人生 / 谁说不可能

这是前些天我买这张影碟时，打开一层层包装，在最里层的套封袋上看到的一句话。

这是一部现实与童话、虚构与生活相互交织的影片，它告诉我们，在我们庸常生活之外的另一种人生，它似乎不可思议，但它有可能发生，有可能存在，有可能就在我们身边。

影片的主人公爱德华，一个充满传奇经历的人，他的儿子，从小听父亲讲他的传奇故事：沼泽地的女巫，遭遇巨人，那条名叫"野兽"的大鱼，那个名叫"幽灵"的小镇，马戏团的奇遇，连体女人帮助他逃离险境……儿子从小时候的迷恋崇拜，到渐渐长大后的厌倦，再到婚后即将做父亲时对自己父亲的质疑，他觉得父亲是一个说谎的人，那些传奇和荒诞的事情从来就没有发生过。他对父亲说："我已经不是当年的那个小孩子，我即将做父亲，如果我的儿子并不了解我，我恨不得去死。"这时年老病重的爱德华已十分虚弱，他告诉儿子："你恨不得去死吗？……我就是我，不是别人那样的，如果你不了解这一点，那是你的失败。"于是儿子带着疑惑踏上了解父亲的路途。在这个过程中他逐渐还原父亲，逐渐走进父亲的精神世界，并最终帮助父亲完成了人生最后的传奇而美丽的结局。

其实没有人能够完全了解爱德华。就像儿子对父亲说的那样，你是一座冰山，我只看到了一角。

也难怪他的儿子会质疑，的确，在爱德华·坡伦身上表现了太多的不可能，太多的超越，太多的神奇与迷幻。

他的勇敢超乎了我们对于男人的想象。

少年时只身去见女巫，从她的玻璃眼中看到了自己最后死的方式；当小镇被巨人祸害，他去和巨人谈判，并为了实现梦想和巨人一起走出小镇；一个人穿过恐怖森林来到幽灵镇，他与那条大鱼展开较量……

他的义气超乎了我们对于男人的想象。

他做推销员挣了钱以后，买下了当初见到的奇妙安详而后来却变得颓败庸俗的幽灵镇，把它恢复到以前的模样，让人们恢复到从前的生活，然后离开，再也没回去过；他在得州，遇到从前的诗人朋友打劫银行，但银行的金库已空，他把自己的存折放进朋友准备的钱袋里，他说，不想让你觉得自己白来一趟……

他的忠诚更是超乎了我们对于男人的想象。

当他遇到心爱的女孩的那一刻，时光停止。

他留在马戏团干最累最危险的活儿，不要工资，只为干满一个月能得到有关那女孩的一个信息。为此三年间他吃尽苦头，折了两根肋骨。

终于找到那女孩后，他快乐无比，但女孩告诉他，她已经订婚了。他想，男人要勇往直前，也要接受命运，只有傻瓜才会继续……而我就是个傻瓜。"我爱你，我要娶你。"为此他甘愿忍受女孩未婚夫的暴打；在服兵役期间，他因失踪被宣布死亡，最终他冲破艰险回到她身边；重回幽灵镇，那个从八岁起就爱上他的女人再次对他表露爱意，意乱情迷之际，他对那女人说，不——我爱我的妻子，从遇见她的那一刻到最后，她是我的唯一。后来，爱德华的儿子因为怀疑父亲不在家的日子曾经有过另外的生活，他找到这位女子，问到他们的关系，她说，对于你的父亲，世界上的女人有两种，你的母亲，其他人。

他为了捉到那条大鱼，用婚戒做诱饵，被大鱼吞下。后来他捉住那条大鱼，作为交换条件，他取回了婚戒，放了大鱼。在故事的最后，弥留之际，他把婚戒交还给妻子。他的爱始终如一。

在影片的开始与结束，我们都看到了那条大鱼，它硕大、沉静，像诡异的幽灵，又像无敌的将军，对外面的世界似乎一无所知又仿佛洞悉一切。

当爱德华还是个小男孩时，老女巫曾经告诉过他：一条鱼能成为大鱼，是因为它从未被捉住过。

是的，这条大鱼其实便象征着一种人生。大多数的人生按部就班，而这一种人生充满悬念；大多数的人生平淡无奇，而这一种人生波澜壮阔；大多数的人生倦怠无聊，而这一种人生生动幽默；大多数的人生平凡庸俗，而这一种人生充满激情与梦幻。

值得一提的还有影片中爱德华的妻子桑德拉，也就是当初他千辛万苦追到的女子，与他一生相伴。当他在儿子的婚礼上喋喋不休说着往事，她微笑着走上前去吻住他；无论他意气风发，还是年老体衰、神情落寞，她一直用欣赏与包容的眼神看着他，在她眼里他是个雄伟的男人，又是个淘气的孩子。当他屏住呼吸把自己沉进水底，她走近浴盆，伏下身静静地抱着他。他是她的大鱼，而她是他的河流。

不管别人怎么想，我是相信的，我相信有这样一种人生，有这样一种像大鱼一样的男人，他经历的命运的好与坏都比别人多，但他也会像那条大鱼一样，让它们统统过去。这样的男人让女人尊敬和心疼。

奥修说过，生命总是来自未知，又走向未知，它来自超越又走向超越。

没有什么不可能的。就像影片最后那条大鱼的凌波一跃，成就了爱德华传奇的一生。

在影片《大鱼》中我看到了蒂姆·伯顿非凡的天才与想象力。他创造的那个真实与虚幻的世界接近于天堂。当有一天，如果我们的生活不再需要童话，那是因为我们的心灵不再纯洁。

人生就像一场梦。即使它就是一场梦，我们也可以尽量把它做得神奇而精彩些。

我想。

辑
二

愿你被这世界温柔以待

我的老师叫郭伯溪

郭老师叫郭伯溪。山东济宁人。我高中时的历史老师。

那时我是个满脑袋幻想、天马行空的女孩，郭伯溪这个名字曾给了我很多想象，常让我联想到俞伯牙与钟子期高山流水遇知音、姜子牙渭水河畔钓鱼这样的历史典故。而那时的郭老师一年四季一身灰色的宽大裤褂，瘦小的个子，拖一根竹竿当拐杖在校园里疾走，稀疏的白发风中飘摇，确有几分仙风道骨。如果这时我们这些学生碰上他，和他打招呼，他要么径直走过，要么停下来怔怔地看着你，他的神情分明告诉你，他正沉浸在自己的世界里，而你惊扰了他。

关于郭伯溪这个名字，我记得郭老师曾对我讲过"伯"字的两层含义。第一，"伯"在古文中是家中长子的意思。而"仲"则是老二，直到那时我才明白为什么当时人们把孔子孔仲尼叫"孔老二"。第二，"伯"的另一个含义当然是伯伯，即父亲的哥哥。郭老师说，"文革"期间他被打成右派，那几年他把自己的名字"郭伯溪"改成了"郭伯兮"。这样，每当造反派学生批斗他，他就想他们在叫郭伯伯啊。在我的记忆里，这是郭老师少有的幽默。

郭老师虽身为教师，却从没上过学。他很小的时候就在工厂做童工，他的文化是青少年时代混到弟弟读书的学校旁听学到的。解放后招老师，他们兄弟两个都考上了，被分配到河北省教书，从此一直在河北的乡镇中学用浓重的山东口音教了一辈子历史。

我是他最后一届学生。

那时候郭老师的生活极其简单，用现代人的眼光看，一个成年男人的生活简单或者说清苦到那种程度，简直有些不可思议。有些像古印度时代的修士，或者藏传佛教的苦行僧。

在校园的南头，一排破旧的红砖房中，靠西的一间是他的宿舍，门前杂草丛生，宿舍里一张木板床，床上铺着一床鸡毛褥子，那些鸡毛是他去镇上的鸡毛掸子厂捡的或者要的废品，然后自己缝成褥子。两张课桌，一张靠北墙放着，上面放着碗筷；一张在床前，放书报和往届几个学生的来信。郭老师一天三顿在学校食堂打饭，一个馒头一碗粥一份白菜。郭老师不吸烟、不喝酒、从不下饭馆，也不见他买生活用品。或许偶尔喝次茶，我记得好像在他的宿舍里看到过少半杯的茶根儿，里面落了几只小飞蛾。如果我们在校园以外的地方碰到他，那他一定是在去镇上的邮电所取刊物或者寄信的路上。

那时郭老师自费订了好几种期刊。有《新华文摘》《诗刊》《词刊》以及好几种历史研究类的刊物，还有兰州大学等几个大学的学报。那些刊物是我高中时期最主要的读物。那时的高中还没有现在这么大的压力，特别是夏天，放学早，我和另外两个常在一起的同学清和芬，便到郭老师的宿舍里看书，而这时郭老师一般是外出散步了，他的宿舍是不上锁的。直到暮色四起，院墙外人家的炊烟飘进了校园，我们才发觉已经很饿了，郭老师的宿舍虽然精神财富极为丰富，但物质极度匮乏，除了课桌抽屉里他从济宁家里带来的咸菜，翻遍了屋子也找不到一点零食，我们只好回家。

那些日子，我看了很多书刊，经常在书里寻找到我所渴望的梦幻般的世界，经常能体会到那种让人激动到战栗的阅读快感。到现在我还能记起这样两个细节。有一次，在某学报上看到一篇关于文字的论文，上面说汉字在流传的过程中也有以讹传讹的现象，比如"矮"和"射"这两个字。"矮"的部首是个"矢"也就是箭，而"委"是指落地，所以"矮"的字义应该是射箭的射，而"射"是由"身"和"寸"组成，寸身，才是形容一个人身矮，它们之所以是现在的意思，是在漫长的流传过程中，不知哪个环节出了误差，把它们的意思给颠倒了。这段话让我觉得原来汉字这么有意思。

还有一个细节，那时我很爱读《词刊》，《词刊》主编乔羽的很多歌词我都特别喜欢，有一次郭老师和我说起乔羽，乔羽和郭老师是老乡，和郭老师的弟弟是同学、好朋友。他从床下的旧木箱里翻出一本发黄的小册子，上面有很多用朱笔写的眉批，字迹工整俊秀，郭老师说，那是乔羽中学时的读书心得。

直到现在，当我回想起当时的情景，我依然形容不出在我那样的年龄，在那样的环境，当我在郭老师那儿和这样一些细节相遇时的感受，似乎有几分不可思议的神奇，但好像一切又都那么自然而然。感觉神奇是因为所有这一切都在我有限的生活见识和经验之外，而感觉自然而然则是一种只有人在太年轻时才会有的心安理得。人在最初什么都没有的时候，往往会认为自己将来会拥有一切。

就是在那样的年龄，郭老师那间简陋的教师宿舍将我的世界无限延伸，古今中外、文学艺术、历史地理，还有乔羽。现在想起来，我有些后悔为什么那时不向郭老师要那个小册子收藏起来作为纪念呢？如果我要，他一定会给的，因为我是他最宠爱的学生。但我那时是不会向郭老师提这个要求的，虽然我一向习惯被欣赏和被宠爱，但一直是个严肃的小姑娘，我不会撒娇。

郭老师的家人在济宁老家，每年寒暑假，郭老师回济宁，其他时间都是一个人在河北过单身生活。在我的印象里，他是从来不说家常的人，但又隐约记得他有一次说过，他的儿子叫郭志强，女儿叫郭延凤，和我同岁。好像他还说过，他主张儿子要严管，因为男孩子天生脾气暴躁，管老实了将来才不会欺负媳妇；而女儿一定要娇惯，脾气坏点也没关系，将来到了婆家才不受气。

现在想想，那时候郭老师对我何尝不像对他的小女儿呢？

除了娇惯、宠爱，当然还有欣赏和相信。

至今记得郭老师的眼神很独特，有时候犀利而紧张，而有时候又有几分率真甚至羞涩。在后来的日子里，我曾经再次看到过这样的目光，它们来自一些执着于某一领域，活在自己精神世界的人，因为专注，或许，它能抵达俗常人们无法看到的远方，看到人们看不到的东西。

那么他在那时的我身上看到了什么，我不知道，他也从来没有说过。

或许是我对文学的热爱以及对文字的悟性——那时我的作文是全校最好的——让他看到了我某些天生的禀赋，或许是我不同于小镇其他女孩的气质，让他看到了我与她们不同的未来景象，所以他不动声色、有意无意地，把他能让我看到的、能让我见识的、能让我领悟的全让我得到。

或许是我的不谙世事、特立独行，让他看到了我的一生注定在现实与梦想之间有很长一段艰难的路要独自完成，所以他想在那些还没到来之前，尽可能地让我的骄傲不受挫败，让我的敏感不因过早地受到磨砺而变得粗糙。

或许他也像我妈妈一向认为的那样，这个孩子是宠不坏的。你只要让她尽情地长就行。

或许是老师发现了一棵好苗子后本能的关注与欢喜。

或许就是一种无法言说的宿命。

记得有一天傍晚，我和清还有芬，在郭老师宿舍的墙上用红粉笔画过一棵梅树，旁边还写上"岁寒三友"以示自己的才情与清高，当时郭老师眨巴着眼睛从眼镜后面看看梅花图，又转过身来，低下头像老账房先生那样从眼镜上方看看我们，什么也没说，出去打饭了。后来那幅画一直留在他的墙上。

这样的细节还有很多。

那是我内心疯长的年代。

然而这样的疯长是不被当时的环境所包容的。张扬个性是近些年才有的事情。而且校园从不像人们想象的那么清朗，有时也很龌龊，那些当老师的人的人格也并不全像人们赞美的那么高尚，有些人的阴暗、嫉恨成性也和常人没什么两样。但那时的我哪里懂得这些，虽然那个小女孩的骄傲完全是来自内心的单纯和丰富，它属于自我范畴，对外界不会构成丝毫威胁与伤害，但是不要忘了，有时你无意的忽略或许从此就铸成了别人的敌意，甚至敌意也可能来自天然呢。于是人生的第一场打击就在我毫无防备的情况下发生了。

那时尽管郭老师像老母鸡护小鸡那样，想尽全力保护我，然而他本人一直就是校园里被孤立被排斥的对象，所以他的奔走与恼怒，只能让一些人更加幸灾乐祸，他们想看到的就是这个一箭双雕的效果，或许打击我——他的这个得意弟子的目的，根本就在于打击他。虽然他淡泊名利，但是他的耿介、他的不合俗流，本身就是对俗流的妨碍与冒犯。于是在高考前的一个多月，我开始在家里复习，不再去学校。

记得那些天经常是在上午，郭老师拖着他的竹竿拐杖来到我家，给我补习历史、地理，有时就在我看书的八仙桌的对面坐上一会儿，也不说什么，然后起身而去。现在想想，他分明对我是心疼和不放心的。很多年以后，当我遇到今生深爱我的男人，他对我说："你是我的掌上明珠。"他眼神里的那种无条件甚至无来由的疼惜一下子让我想到了当年的情景，有一种失散多年的感觉瞬间被相连和贯通。那一刻，我有些难过。

当年与郭老师对我的不放心比起来，那个打击对我来说好像并不像他担心的那么严重，起码当时没那么严重。一是我那时还太年轻，二是那时我的精神已融入了文学给我的另一个世界，现实世界里的恶很难真正伤到我。那时我的生活其实是在生活之外。

当我能真正体会那时郭老师的心疼，真正意识到那个打击对我的伤害是在多年之后。这么多年我从不写赞美教师的文字，不回母校，那段黑暗压抑的日子，像一场不醒的噩梦。我可以不去触碰它，但它一直在那儿。

高考时，我从家直接去的考场。考试结果，好像语文成绩是全县第一，历史成绩还好，而其他科一塌糊涂。那年我没考上大学。没考上郭老师早已为我策划好的山东大学中文系和中国政法大学。郭老师认为我是天生适合当记者或者做律师的。

现在想想，当年我的落榜，也有我自己的原因，偏科严重，用功不够。人都是为梦想而生的，只是在太年轻的时候，有梦想，但并不懂得如何去为实现梦想而努力。

我们这一届学生毕业了。郭老师不再教课。几个月后，郭老师办了退休手续。

那天是我送郭老师离开学校，也是离开河北回山东的。

那一天我已经忘了是哪一天了，只记得那天的校园非常安静，也许是放假了，也许是个星期天。

那天我和郭老师拎着他简单的行装去车站时，走的是那条通往车站的老路，那条路当时已经被废弃，由于当地人不断地到路的两旁来取土，那条路已经被挖得很窄，有的地方几乎要断掉了。那天的天气好像不太好，风很大，不时刮起路边的尘土，暴到脸上身上，天空黄黄的，小镇看上去肮脏而寂寥。苍茫天地间似乎只有郭老师和我，一个半生漂泊、一世落魄的老夫子，一个怀才不遇、前程渺茫的关门女弟子。

那天是郭老师在河北几十年教书生涯中的最后一次离开，当一个人以那样的方式黯然收场，他又有着怎样的感受呢？或许很多，也或许没有。谁知道呢？

毕竟我那时还太年轻，即使天性敏感也不足以领悟生活的冷酷和人生的残酷，还不足以意识到那次和郭老师的分别从某种意义上说或许就是一场生死离别。

年轻的心有时很残忍，它很少能体会到自己的感受以外的东西。那次送别郭老师我有些伤感，但并没有太难过。内心里对那种压抑暗淡日子的厌倦，让我对周围的一切都有些淡漠，只想着让它们快些过去。而真正难过也是在日后，当我以一个过来人、局外人的目光看当年那条崎岖小路上的一老一小，我觉得那一刻的情景无论如何都显得有些悲凉。

有一句话是这样说的："我们曾经历过一切，只是当时并不了解它的意义。"

自那次离别之后，我和郭老师陆续通过两三年的信，后来渐渐地没了音信。失去联系的责任主要在我，进入社会的最初几年依然是在经历黑暗，或许上帝的意图往往是让人在迎接光明之前先要走过一段黑暗的隧道，然而时间一长，难免会让人怀疑光明真的会有吗。何况那时我已渐渐预感到通往彼岸的路将会很漫长且没有多大把握，所以我愿意那条路上只有我一个人，孤独地不受任何关注地走，那样我可能会走得更有耐心一些。而郭老师的原则是，学生不给他写信，他不会主动给学生写信，在通信的过程中，如果学生不再回信，就意味着师生之间联系的中断。在这一点上体现了他的"师道尊严"。

于是几年十几年过去了。

后来我拥有了自己想要的工作与生活，曾经想过寻找郭老师，让他知道我没有让他失望，但我突然又想，我的现在不正是当年郭老师眼中看到的那个小女孩的未来模样吗？对于不曾怀疑过的东西，又何须去证实呢？

几年前的一天深夜，我曾梦到过郭老师。他告诉我，他要走了。梦里的场景总是那么直接而深刻，没有俗世的客套解释，而彼此都能心领神会。梦里，我送别郭老师的方式，是要对他鞠躬一拜，而就在我将拜未拜时，郭老师在我眼前消失了……

醒来的刹那，我清晰地感觉到有一扇门在我面前闭上了，那是连接另一个世界的通道，只在某些神秘的时刻偶然开启，灵光闪过，我只能回到现实世界。这个梦在向我昭示什么呢？

自那次深夜的梦中一别，有一个问题我至今想不通，梦中郭老师为什么不接受我送别他的一拜，是否他还在为当年没能保护好我而有所愧疚，是否他比我更清楚我的天性压根不喜欢那些旧礼数，是否……只是，这个问题，我还有处可问吗？

就在几天前，我在电视上看到了八十多岁的乔羽先生，乔老爷让我又想到了郭老师，只是乔老爷富态，那时的郭老师瘦弱，乔老爷神情安详，而那时郭老师的表情常带几分紧张。我想，也许我那个梦只是个虚妄之念，也许郭老师还健在，那他现在一定是个寂寞的老人吧。所有人的老年都是寂寞的，何况他从来就是个落寞的人。

回想当年，有些经历现在的我真的很不喜欢，但它们对我很重要。

写于 2006 年 7 月

你做了这辈子最漂亮的一件事

想去看你已经想了很久了，你等我去看你也等了很久。我知道。

我还知道现在你是怪我了，怪我来得迟了，就像那个装在瓶子里的魔鬼发誓要惩罚在第三个千年里来救他的人，所以你就和我捣乱；要么你就是太高兴了，你一高兴就得意忘形，你是在用恶作剧来提醒我你在生气。还是那么多琐琐碎碎的小心眼儿。你是改不了了，做鬼也改不了。

先是上火车以后才想起来忘了带上身份证，然后是在温州，一大早去买去往杭州的车票，软席车票拿到手上看了一眼，走了几步再看第二眼时，手里却只剩下了刚找的零钱。事情太蹊跷，不能不怀疑是谁给我使了障眼法，车票一定还在手上，只是不让我看见。去找售票员问问，人家说，你拿了，上车后再好好找吧。

4车厢35号，坐在软席车厢本来就该是我的座位上，心里总不像拿着票那么踏实，反反复复地想刚才看车票时第一眼的真切和看第二眼时的恍惚。这事还真是怪得有些不对，忽然就觉得身边像是有人在坏坏地笑，我知道了，那是你，你在。还记得那次你坐夜车回南方，那一晚我按着列车时间表上的站名想象着你途经的那些地方，后来你说从没有人这样送过你。现在也一样，我刚一买去你那儿的车票，你就早早地赶来接我，对吗？只是你看得见我，而我看不见你，你能同时穿行在两个不同的世界，而我不行，你那个世界现在还不对我开放，这未免有点不太公平。

一定是你拿了我的车票，你想看我着急发脾气的样子，你在说，你不是不来吗，你这么多年不是不来吗？可是——可是我现在来了，你不保佑我，倒和我捣乱，这就是你的不对了。你要是真的惹我生了气，我可真的再也不来了……这么嘟嘟囔囔地念叨了一通，没想到竟是从这往后一路出奇的顺利。其实你还是像原来一样舍不得我烦。你的痴心是改不了了，做鬼也改不了。

列车行驶在金温线上，车窗外的碧水青山对于我这个北方来的人来说已是瑶琳仙境，我一路不吃不喝地看下来，也不会有看够的时候。绿意葱茏间偶然闪过一个小村子，白墙乌瓦的两层小楼新旧参差，几个坐在门洞下说着闲话的老人，自然得像那些从地里面长出来的油菜花。我上辈子该是在哪一幢老屋里生的、长的、嫁的、老的呢？哦，是你告诉过我，我前生是个南方人，原先我不信，现在我信。要不然有很多的事情我无法解释。我这样一想，你高兴了吧？

在我的一生中你是一个面目不清的人，而且身份暧昧，以至于当年我无法向最好的朋友说明你的存在，当然现在更无法向别人说明你的不存在。一个女人一生中注定要遇到很多男人，这些男人会有各种不同的身份，而对于我来说，所有的这些身份都不适合你却又全都适合你，那么，你说，你又该算是我的什么人？

只有我知道，你谁都不是，你只是在我今生中影响了我一生的人。每个女人在她的一生中可能都会遇到一个这样的人。他一定是在一个很早的时间里到来，然后又离开，不是他想离开，而是他命里的事情做完了，他只能离开。总有一天，他所昭示的那些会在未来的日子里一一显现，而时间是最有耐心的显像液。直到这时，与他相遇的那个人才知道他曾经为什么而来。

其实在我这一生中，这是你第二次离开。哦，我这么说，并不等于说我已经老了，我的皮肤依然白皙透明，额头依然像紧绷的绸缎闪着光亮，然而我还是爱说这句：在我这一生中，我觉得一个女人经历完她今世注定要遇到的那些人那些事，就标志着她一生的完成，这和年龄没有多大关系。

你的第一次离开是在你认为我长大了的那年。你觉得你已经不再被需要，你觉得一个女孩子一旦有了家，生了孩子，就像是一棵树在土里扎下了根，没有人能再把它移动半步。而在这之前，你却一直在不遗余力地做着这件事——把我带走，把我这棵本该是长在南方的植物，移植到西湖边上。

是在我19岁那年吧，你看我第一眼时，就认定我和你一样不属于北方的粗糙、单调和荒凉，你说西子湖畔的山清水秀才最适合我的诗情画意。我还记得在那个寂寥的小站台上，你看着我时眼神里的痛惜，如同发现王府里的格格不幸沦落民间，做了人家的使唤丫头。所以你认定你要做的事不是你想做的，而是你非做不可的。

然而最终，你还是没能完成你的使命，你只是很不甘心地把在北方漂泊了半生的自己带回了家乡，而我不行，我是注定要在这边流浪一辈子的，这是上天早已安排好了的，和19岁遇到你这件事没什么两样。

然而，也许你不知道，终有那么一天，她会在某个迷离恍惚的黄昏，忽然想到，原来在这个世界上并不是所有的男人都像你那样知道她的来历，洞悉她的心灵秘密，心甘情愿地为她做一切并且永远无怨无悔。那些北方的男人们啊，不是他们不想，而是他们不会。

还有谁能比王家卫更懂女人呢？《东邪西毒》里张曼玉的一段台词就是女人的一生。只不过她应该这样说："……有一天当我看着镜子里的自己，我知道我输了，在我最好的时候，最喜欢我的人不在我身边。"

而你的第二次离开就偏偏是在这时。在你为我要去看你做好了所有准备的时候。10年很久吗？如果老天不再给你机会，为什么要让你等上10年；如果老天给你机会，为什么不让你再多等上几天呢？

我只是收到了你的一封信，几百封信中的最后一封信，那上面不是我看惯了的、颇有柳体风骨的笔迹，有人在信里告诉我，你走了，你不再回来。

我也回了最后一封信，让那个给我写信的人收到后把它烧掉。写那封信时，我忽然发现我的字原来已经像极了你的笔迹。

于是，我也像你一样等了一个 10 年，只是这个 10 年里再没有你的任何消息。

走出杭州车站的每一步都像是在梦里的行走，无声无息的像个影子，出站口的检票员对我视而不见，我是个隐形人，她们看不到我，如同我看不到那张车票。我知道是你，你是怎样遮蔽着我走出来的呢？你的个子并不比我高，哦，我怎么又说了这句你不爱听的话。

你是在弥补早晨犯下的过失吗？可是我已经不怪你了，我只想在走出车站的那一刻能看到一张熟悉的脸，就算它已变得苍老，但永远不会陌生，那是我在这个城市里唯一能认出的一张脸啊！可是没有。

随便上一辆宾馆接站的车吧，住在哪儿对我还有什么区别。

走出宾馆，眼前是古老的河坊街，一个老人告诉我，往前走就是清河坊步行街，出了步行街就到了西湖边。我的外表一定看上去就是个外地人，而外地人来杭州的目的当然是看西湖。可是我不一样，我得先去看你。人都是这样，翻山越岭地到了一个地方，要做的第一件事肯定是去看他要看望的人，而一个地方有没有这样一个人，对来的人而言是不一样的。我只有和你见过了，才能在剩下的时间里安下心来。

去南山公墓的路上，出租车司机告诉我，那是杭州最有名的公墓，近几年已经不再接受新的灵位，住在那儿的都是有福的人。他的口气里透着些羡慕，像是在说着某个豪华的住宅小区。其实两者之间也的确没什么不一样，只不过一个比另一个更能住得长久些。

那天是 4 月 4 日，清明节的前一天。人们说冥界会在清明节前后开门三天，做些迎来送往的事，而在其余的 362 天里他们会紧闭大门保持神秘。

走到南山脚下，已是日落黄昏，扫完墓的人正陆陆续续往下走，公墓大门口的鲜花摊一直摆到很远，我迟疑了几次，还是没有买。我不买花，就会像个游人；我不买花，是不想早早地确定下来你已是另一个世界里的人。

在公墓管理处，拿到了一个写着几区几排几号的小纸条，他们说那是你的地址，他们还对我说："你自己去看看吧，不知这个是不是。"我很感谢那个人的委婉，她的迟疑，让我又有了一段不明确的时间。这是我这一生中关于你的最后一段模棱两可的时间了，以后，将永不再有悬念。

我独自往里面走，我不看指示区位方向的路牌，我想让这不确定的一刻再延长一些，我甚至想在真相大白的最后一秒钟前逃开，我不明白我为什么要来这里呢。

在这之前也曾有过很多次按着门牌号码找人的体验，唯一不同的是这一次——我是来找你的，可我不想找到你。

　　但是我还是在那林立的墓碑中看到了你的名字，我站住了。我是个没有方向感的人，从来都不会那么快找到要找的地方，而这次非但没有迷路，简直是径直就走到了这里，是你在为我带路，对吗？这么说这里就是你的家了，这么说这个凉凉的石碑就是你的房门了，可是门铃在哪儿？

　　你不说话。你是一个多么热情洋溢的人啊，而唯有这样的阴阳之隔，才能让你对我的到来保持如此的沉默。

　　你不说话，我也知道此时你是多么不情愿，这是没有办法的事，谁也没有办法。

　　宁隔千重山，不隔一层板。一去一万里，千之千不还。说的不就是这个道理。

　　我以为我会哭的，可是我为什么要哭呢？

　　凡事都要讲个缘分。

　　我还是去为你买束花吧，我知道你喜欢鲜花，这也曾经是你不喜欢北方的一个理由。

　　这个插满了白菊、百合，点缀着蓝色勿忘我的花篮很漂亮吧，我买的肯定也是你早已看中的，就像当初你为我做的那些事情一样。不过花篮里的菊花比起那年你送给我的你自己种的那盆花来还是差了些，从那之后我还真没再见过那样的白菊，那么饱满，那么飘逸。但是这个花篮已经算是好的了，我敢担保在你们清明节之后清点礼品时，它会让你在左邻右舍面前有足够的骄傲。

　　我看到了你的庭院，很漂亮，依山傍湖，古木参天，花香鸟鸣，幽雅干净，用现在流行的话说是一个天然的大氧吧，你还是挺有眼光的，就像当初看我一样。

路过上海时，一个上海女孩对我说，每天早晨，通往浦东的地铁门一开，"哗——"涌出来无数面无表情的人，"唰唰"地走向他们工作的写字楼。她把那些人比喻为成群成群的穿着西装的马和狗。

还有噪声、废气、沙尘暴、战争、"非典"……你远离了我们想远离的一切，如果所有的生和死都是这么空灵、优雅，安详而自在，那应该是一件多么完美的事情。

好好休息吧，墓地里的安静才是真正的安静。

我要走了，天很快就会黑了。我不害怕，有你在的地方，永远是让我最安心的地方，可是我还是得走。我还有我在这个世界要做的事情。我还有一大段的路等着我去跋涉。

我知道，你会用今生不变的方式等着我的再次到来，你会用今生不变的容颜等着我一天天地变老。25 年的年龄距离曾让你耿耿于怀又万般无奈，唯有如此，才能让它在你我之间最终完全消逝。等那一天到来的时候，你一定会很得意地告诉我，你做了这辈子最漂亮的一件事。

父亲的手

　　最近两年，每次回家，父亲总要把我送出家门，然后站在路边，看着我在公路的另一侧等车。这时，妹妹家刚会走路的小儿子，紧挨着外祖父站着，一只小手紧紧抓住外祖父的大手，确切地说，是抓着外祖父那只大手的小指。注意到这个细节时，我的眼眶一热，我忽然想起，在我很小的时候，我就是这样抓着父亲那只大手的小指，一溜小跑地跟在他身后。现在我的小外甥不时抬起小脸儿，看看身边高高的外祖父，一脸心满意足的表情。我想，那该是三十多年前的我吧，而父亲却已分明不再是三十多年前的父亲了。眼前的父亲，那曾经一米八七的身躯，脊背已明显地弯曲，整个上半身向前倾着，看上去远不像过去那么高大，父亲老了。汽车开过来的时候，小外甥不知什么时候已趴在了父亲的背上，汽车开动时，父亲的脸在我的眼前一晃就变得模糊了，然后父亲的身影渐渐地远离了我。

　　其实我关于父亲的记忆并没有很多具体的内容，而且从我记事到真正长大的近二十年间，还留有很多的空白。母亲说，我们兄妹四个都是在很小的时候依恋过父亲，让他抱，让他背，刚会走路时，就跟在他身后跑，父亲就是这时朝身后伸出他的小指让我们抓住的，因为他的手对幼年的我们来说简直是太大了。然而等我们再稍大一些，相比与母亲一贯的亲密，我们和父亲的关系就开始变得生疏而隔膜。先是两个哥哥，然后是我和小妹。我们和父亲不但再没有任何亲热的表示，甚至是无话可说。

当时与其说是我们不知该如何与父亲相处，倒不如说是父亲不知道该如何面对渐渐长大的儿女。那时家里的一切都由母亲操持，父亲在车站扳道岔，上三班倒。每天除了上班，就是在家睡觉，上夜班之前要睡足觉，下了夜班又要补觉。不管白天晚上，一躺下那呼噜就像打雷一样带着回音儿。父亲自己没有文化，也从不过问我们的学习，有时连我们几个孩子上几年级都弄混了。那时，我觉得母亲是最重要的，有母亲就有一家人温暖的日子，而父亲似乎是可有可无的。

现在想起来，那时的父亲就像小时候全家人住的那两间红砖公房，虽然那房子每天庇护着我们，但只要它本身不出毛病，我们就往往忽略了它的存在。而父亲就是间不漏雨的房子。他每天按时上班，按点下班，工资悉数交到家里，下班后睡足了觉，就干些担水、买粮、买煤的重活儿。记得父亲在家盖小厨房时，摆弄8号铁丝从来不用钳子，一双大手随意地把它们弯曲或者抻直。他不吸烟，不挑食，逢年过节，偶尔喝上两盅白酒，话多了，就给我们说起那个谁也没去过的老家，村口的那棵大杨树和树上的老鸹窝。现在让我感到奇怪的是，在那些年里，父亲竟然从没病过。父亲干了三十年的扳道工，曾有无数列客车和货车，在他扳动的道岔上安全地通过，而父亲也就在他的岗位上一直干到退休，连工种都没调换过。我想，在很多时候，父亲那高大的身影都是作为一种背景而存在的，所以也就像背景一样被许多人忽略了。这当中就包括我们——他的儿女。

我们是在和父亲的隔膜中被父亲养育着，又是在对父亲的漠视中离开了家。然而在我们有了自己的家，有了自己的儿女之后，我们和父亲的关系却在不知不觉中日益亲近起来。像当初远离他时一样，我们又按先后顺序走近了他，先是两个哥哥，然后是我和妹妹。父亲是我们一生的初始，却又是我们在这世上最早背离的人。经过了一段漫长的岁月之后，我们重新走近父亲，如同从起点出发又回到了起点。

曾经我们轻视过父亲的平凡，现在我们却明白了父亲正是以他的本分和谨慎，给了我们那些清贫却安稳的岁月，他从不让我们害怕什么，这对我们的成长是至关重要的。

曾经我们在心里瞧不起父亲的背时。的确，我们的父亲一生很少有走运的时候，记得就连车站抓阄分废枕木当柴烧，他也常抓到最小的那一堆。然而，现在我们却在为此而更加感激父亲，父亲在这个世界上从没占到过什么便宜，他是靠一生诚实的劳动养大了我们。

近几年随着年龄的增长，我似乎越来越爱回忆小时候的情形，然而，我认真怀想的一些事情，往往与父亲无关，而关于父亲的回忆却常常是在不经意间忽然闪过脑海。

比如，有一次我在电脑前工作到午夜，极度困乏的那一刻，忽然耳边响起了父亲如雷的鼾声，在很多年里我一直认为父亲是个嗜睡的人，这时我才想到父亲当年上夜班时，独自一人在那间小小的扳道房里，该是怎样熬过那些漫漫长夜的呢？那时他是连个盹儿都不能打的。

还有一次，我在看电视，画面上一只骆驼奔跑在茫茫沙海中，我一下子就想起小时候摔破了头，父亲背起我往医院飞跑，我想，当时父亲迈开他的长腿跑起来，一定很像这只骆驼吧。

此刻，我看着回家时为父亲拍下的照片，父亲坐在院里的石榴树下，面对着镜头，一双手端端正正地放在膝盖上。我不觉端详起父亲的手来，在我的记忆里，父亲的手很大、很有力，但这时，我却发现，父亲那双握过道岔铁柄，干过无数重活累活的大手，看上去是那么修长、匀称。在这之前，我从不知道原来父亲竟有一双这么漂亮的手，再看看自己的手，我这才发现我的手型原来和父亲的手型是如此相像。

写于 2005 年 12 月 8 日

《父亲的手》附记

这篇《父亲的手》是几年前写的了，现在父亲比那时更老了。

这几年经常想到父亲说过的一些话，他说"好事儿不如没事儿"。这话想想很有哲理，有点道家清静无为的意思，是啊，好事儿往往会打乱什么，会影响正常的生活，再说了看上去像好事儿的，也未必一定是好事儿。他还说，变个老鸹好，往树上窝里一趴，什么也不想！其实老鸹也不是什么都不想，起码还得想想去哪儿找点吃的吧，他是嫌人活得太麻烦、太复杂。

小时候，小学用的第一个铅笔盒是木头的，铅笔盒盖能推拉，是父亲给我做的。孩子们的玩具中除了布娃娃还有一匹木马，四条腿上有四个小铁轱辘，能拉着跑，身上刷了黄色的油漆，还画上了一双漂亮的马眼，也是父亲做的。

父亲一辈子不怎么花钱。前些天回家，晚上陪老爸老妈看《梨园擂台》，看完了，老头说，看这个有什么用？老太太说，睡觉有什么用？老头说，睡觉不费电。

父亲过了一辈子环保的日子。

离 亲 泪

2007 年的今天，也是一个这么阴冷的日子。父亲在老家县医院内科病房去世。享年八十岁。

大雪与冬至两个节气之间的日子，阴气盛极，阳气衰微。一年之后的这几天我开车出去，在县城和乡村又都看到了正在办丧事的人家。

在我的记忆里，父亲去世前的那次住院，是他一生里的第二次住院。第一次是两年前，因为脑梗死，在县医院住了五天院。出院第二天，他早晨自己起床，洗了脸，刮了胡子，出了屋门去拉开了院门的插销。我在他身后跟随着他，在他身后用数码相机拍了一张他向门外张望的背影，然后，他回到屋里，见我拿着相机，他整了整衣领，面对着我，我又给他拍了一张半身像。父亲总是郑重对待每次照相。后来就是这张照片做了父亲的遗像。这一点，当时我和父亲都没有想到。

在葬礼上，有人看着我父亲的遗像说，老爷子长脸细眼，看脸型还有眼角那儿长而柔的弧线，看上去挺像电视剧《雍正王朝》里的忠臣张廷玉，我知道他们说的是那个叫杜雨露的老演员，还演过《喜来乐》里的王太医。他们的确有几分像。

父亲是在第二次住院的第六天早晨去世的，这次也算是住了五天。

而在我的印象里，第一次看见父亲输液，是在 14 年前，那年他 66 岁。那也让我第一次意识到父亲竟然也会生病，关于这一点，小我父亲一岁的母亲却不这么认为，她说他这一辈子从没断了那些黏糊病。比如说，他有从我奶奶那儿遗传来的高血压，高压时常超过 180；他中年时还腿疼过好几年；还有他常年爱犯胃溃疡。父亲身高一米八七，瘦高，医书上说，这是典型的胃溃疡体征。

2007 年的八月份，天气最热的时候父亲摔断了脚踝。后来，父亲去世后，我从一本书上看到，像他那样高龄的人若是摔断了腿，一般情形下是过不去半年的。果然，父亲是在四个半月后走的。只是当时我不知道，那其实是一道神的预言，提醒着我与父亲即将到来的分离。

父亲摔伤后，家里的保姆给大哥打了电话，大哥和几个朋友从县城过来，把父亲搬上车，到镇医院，拍了片，然后打上了石膏。等我赶回去，父亲指着打了石膏的腿给我看，一脸无辜、委屈而又茫然不解的神情。

母亲告诉我说，父亲腿上的石膏要四十多天才能剥掉，她担心到时候他就再也下不了床、走不了路了。母亲脑中风已经十多年，偏瘫了十多年，每天在床头坐着。但这不妨碍她在家里的每件事上都有自己的主张，而且一定要把自己的主张坚持到底。她说，她已经打听好了，在离我们那个镇子六七十里的地方，有一家人有祖传的专治跌打损伤的绝技，骨折的人敷上他家的药二十四小时后就能下地走路。她一定要我去买那个药，给我父亲用。

为了满足母亲的心愿，我开车去了那个诊所，买回了药，很沉的一坨，很浓的鲜姜和香油的味道，还有一些丝丝缕缕的东西。药买了，可是要砸了父亲腿上的石膏才能敷，谁能保证取下石膏父亲的腿不乱动，断骨不错位呢？大哥说，"胡闹"，母亲也不再说什么，最后我把花四百元买来的药给扔了。

那次断腿后，父亲的身体每况愈下。其实在此之前那几年，由于小脑萎缩，他已有老年痴呆的症状，也不怎么会说话了，但他依然能记着那些他以为很重要的事情。每年的腊月二十三，他要一个人走到集市上，买一包祭灶的糖瓜和一块钱一挂的那种最小的鞭炮，留着过年时给我儿子。这个习惯他从大卫出生时开始，一直延续到前年。大卫的身高已经快一米八了，如果父亲活着，我相信，他还会每年给外孙买糖瓜和小鞭炮，哪怕他的外孙已娶妻生子。

以前父亲会在早晨，先是用一把他自己做的木剑练一套好像是道家的剑术，动作简单但很有章法。然后拎着鸟笼，在院子里一圈圈地走路溜鸟。他的百灵鸟喂得很欢实，鸟笼子里有一个台子，百灵鸟一会儿台上一会儿台下地叫。上午，父亲会很细心地把木头劈成木样，把大哥买来的大块煤砸成小块，他把炉子里的火烧得很匀很透，在上午十点就熬上中午喝的大米粥。

在那个已经有些破败的、建于20世纪50年代的老铁路家属院里，像我这样的孩子们一茬茬大了，像鸟一样飞走了，和父亲同辈的人们，有的去世了，有的跟孩子离开了。而父亲和母亲一直留在那儿，过着他们过了一辈子的环保生活。年龄越大越像两棵无法移植的老树。在我看来，父亲是离了那儿的地气无法存活，而母亲是担心离开了那儿便再也过不了她自己想过的日子。于是他们几乎成了那里"最后的守望者"。

四十天以后，父亲腿上的石膏被剥掉，骨折的地方长好了，只是脚踝有一些歪。正像母亲担心的那样，就是从那会儿起，他再也下不了床、走不了路了。不但这样，他的大脑也似乎完全进入了混沌状态。我回家时，母亲问父亲，你认识她吗？这是谁啊？父亲的眼睛像婴儿的眼睛一样专注而茫然地久久看着我的脸，然后点点头，那是一种惯性的客套。父亲对每一个走进家门来看他的人都以这样的方式表示他的感谢，唯独对前来给他输液的镇医院的吴医生表现出极大的愤怒，每当吴医生一进门，父亲便瞪起眼睛，端起他的大手，作准备打人状，以此吓唬吴医生，让她快点离开，否则他就不客气了。

在此之前，父亲的生活还可以自理。这时已完全需要照顾，喂水喂药喂饭。保姆当着我们的面给他换成人纸尿裤，他也像个刚出生的婴儿一样随人摆布。这在以前是绝对不被他允许的，他一辈子都是个特别在意自己面子的人，在女儿面前会避讳很多的事情。这时，他的老与病，他的痴呆，已经让他保护不了自己的隐私了。

那时的父亲大部分时间是处于一种无知无觉的状态里。在陪他的有限的时间里，我一直希望他能真正地清醒过来，哪怕只有一会儿，以他父亲的身份给我一些表示，虽然他一辈子都不善于语言表达，而且早已经说不了话了，但我还是希望他用眼神或者手势给我一个明示或者嘱咐，给我一个只属于我和他的父女之间的交流。

没有。

即使在他神智稍清楚一点的时候，他依然不认识他的儿女，似乎也不关心你是谁，他只是在急切地寻找一件东西，用手比画着一个长方形的东西，"啊啊"地说着什么并用眼神问你，哪去了？它在哪儿？没人知道他要找什么，他便焦急地用手拍他的大腿。咳——

让人无限郁闷。

我多想知道，父亲在他的一生中到底曾经丢失了什么重要的东西，以至于让他在垂暮之年，用仅存的一点意识，如此执着地苦苦地寻找。

夏天的那天晚上七点多，我和保姆把父亲和母亲都照料好，他们在那张大床上，一个在东头，一个在西头，睡着了。两人中间隔着一堆小褥子旧被单之类的零碎东西。保姆回自己家了，我一个人拿一张小板凳在院子里坐着。窗前的石榴树死了，它是大哥二十来岁时栽的，已经三十多年了，今年春天没有长出新芽。我记得，在那棵石榴树的下面曾经有过一个鱼缸，是个大瓦盆，里面有父亲养的七条大金鱼，墨龙睛，红顶虎头，似乎它们还在游，鱼缸的下面是母亲种的绣球花，而那时他们还年轻……

我很无望地坐在那儿，屋里是两个残败、孱弱的生命，这般无奈而无力的人生晚景，让我的心里充满哀伤和悲凉。一个念头浮现出来，父亲，与其这样活着，或许倒不如早一点解脱的好。而这个念头又是那么让我害怕，泪水一滴滴流了下来。

其实我们都知道，生老病死是人生的一个必然过程，这样的事在这个世界上每天每时都在发生着，我们觉得自己已经可以坦然面对，但实际情况却并非如此，事到临头，我们依然很难相信自己的父母会离开。从来到这个世界的第一天起，生命中的每一天都是有他们的，怎么会没有了呢？那是一件多么不可思议的事情，所以无论我们觉得自己做好了怎样充分的思想准备，当这一天真的到来时，还是会觉得突然。

冬天来了。

立冬后的某一天，晚上我接到家里保姆的电话，她说，父亲从早晨开始昏睡，整整一天不吃不喝，怎么也叫不醒。

第二天一大早，天还未大亮，我从车库里把车倒出来，打开车的大灯，开始往家的方向开。

城市的路灯还在亮着，有雾，但不是很大，出城不久，雾越来越浓，车窗外一片迷蒙，雾气像乳汁一样流动着包围着车子，什么也看不见。我小心地慢慢开出几十里路，妹妹打来电话，说她已坐火车从北京赶回来，半夜到家，把带来的一颗安宫牛黄丸用温水化了，一点点给父亲喂了下去。喂完后，天也快亮了，父亲睁开眼睛了。她说，今天有大雾，姐你别开车过来了。我停下了车，车前和车后是一样的大雾。我已经回不去了。

幸亏那几年那条路跑得很熟了。我曾经和先生说过，如果咱家的 POLO 不是辆车而是匹马，把它带到这条路上，它自己就能跑回我父母家了。

那天中午到了家，父亲的状态和平时差不多，眼睛睁开了，但只是斜着往窗户那边有光亮的方向看。镇医院的医生给输上了治脑梗的药。我们给保姆多加了一份工资，让她丈夫也过来帮忙。父亲虽然瘦，但身材太高大，骨架沉，每次翻身、擦洗、换纸尿裤，都得两三个人才挪得动。

第二天下午，我有事要回去，保姆给父亲身后堆上被子，扶他倚着坐一会儿，我和他告别，他没有任何反应，我举了下手里的包，说，爸爸，我走了，过两天再回来看你。父亲像突然被惊醒的婴孩，点了下头，还抬了下手，脸上好像还有一丝谦卑的不好意思的表情。

很快，时令过了冬至，父亲陷入了最后一次长达十一天的昏睡，再也没有醒过来。

我和二哥、妹妹都从外地赶回了家。我们聚集在那两间平房里。父亲睡在里屋的大床上，还像平常一样，他个子太高，而床的长度不够，于是在床边加一把椅子，椅子上放两个枕头。他已经这样睡了一辈子。

如果我们不去探究什么，如果我们愿意有意去逃避即将发生的不幸，父亲的昏迷，其实在我们看来，更像是一场酣睡。那持久、有力而匀称的鼾声，是我们从小就听习惯了的，不但熟悉，还带给我们安全感。

在我们儿时的记忆里，在很多很多年里，在那些无数的白天和黑夜里，父亲经常是这样酣睡，因为他在铁路上三班倒，扳道岔，一班十二个小时，不能有丝毫的懈怠，所以他上夜班前要睡足觉，下了夜班要补觉。作为铁路职工子弟，我们在很小的时候，就知道父亲在睡觉，不能打扰。六七岁时我们就已经会拎着饭盒去给父亲送饭。长大后我曾问过父亲，嗜睡的他，是怎样在那间小扳道房里熬过那些漫漫长夜的，父亲说，困了，就用手掐自己大腿。三十年的扳道生涯，没出过一次差错，更不用说事故，这是父亲一生的自豪，而同时，睡觉也成了他一生中最幸福的事。

父亲已经酣睡了四天，鼾声依然长而有力。到家后第一天，我让老家的朋友帮忙请来了县医院的脑科主任刘医生，他说这是又一次大面积脑梗死，接下来就会发生水肿，会出现脑疝和并发症，在家用些药维持着吧，不用送医院了，别折腾老人了。

此时，我们能做的只有等待。但那一刻又似乎永远都不可能到来。在家的第四天晚上，二哥给我们做了手擀面，用白菜和猪肉打卤，很快家里弥漫起往日熟悉的味道，仿佛一切又回到了从前，某一天，母亲做好了饭，我们放学回来，父亲也睡醒了，全家人一起吃饭……

第五天，父亲依然在睡，鼾声的力度没有丝毫的减弱，这来自他依然有力的心脏，而大脑却已经被堵得乱七八糟了。但他的鼾声和睡相，总给我们一种错觉，仿佛他随时会醒来，于是我们陷入不安，会不会是我们没有尽力，如果把父亲送去抢救，是否会有奇迹出现？假如有些事情我们该做而没有去做，日后会不会因为懊悔而无法放下？

而我最不能面对的还有母亲那几乎带有乞求的眼神，虽然看到孩子们都很辛苦，她不再自作主张，但每一分每一秒，她似乎都在问："送医院吧，把你爸送医院啊？"我不能告诉她，我是多么不愿意让父亲在外面去世，而不是死在他最留恋的家里；我又不能告诉她，一旦父亲出了这个房门，她将再也见不到他了。我说，妈，我爸一辈子最听你的话，你让他起来吧，别睡了……我妈说，他是一辈子听我的话，可这回不听了。我说，妈，医生说了，我爸就算抢救过来，也是植物人了。我妈说，抢救过来你们就给我拉回家来，我用饼干醮着水喂他……

"送爸爸去医院吧！"我说。

120来了，邻居们过来帮忙。父亲被担架抬出家门。妹妹和二哥跟着上了救护车。我开车跟在后面，车上坐着妹妹家的儿子，我的小外甥，他从小是跟着姥爷姥姥长大的。家里只剩下了母亲和保姆。

县医院这些年没有多大变化。从前面的门诊楼到后面的住院部，还是要通过那条狭长阴暗、地面高低不平的走廊。十几年前母亲脑出血住院时，我曾走过很多次，后来它还曾几次在我的噩梦中出现过。这一次又走上它，感觉它像某个电影中的情景，类似于两段剧情之间的铺垫，让你从生活的正面过渡到背面，从人生的一种常态走向另一种非常态。

经过一番忙乱，父亲的CT检查结果出来了，和之前刘医生的判断一样，父亲这次是大面积脑梗，而且是在脑主干部位。我去交了押金，主治医生给开了很多药，有治疗的也有营养的，整整一天都在不停地输液。晚上我和二哥留下来守护父亲。

县医院的住院部人满为患，只有八人间的大病房还有张床。1号床是个八十五岁的心脏病患者，老头以半个小时一次的频率不停地折腾着他六十多岁的儿子，一会儿"尿尿——"，一会儿"不尿——"。6号床是个刚患上脑栓塞的七十岁老太太，一条胳膊不能动，半夜里她想把溜下去的被子重新盖到身上，却发现自己无论如何也做不到，便大声咒骂她睡得死死的孙子，我过去帮她把被子盖好。

夜深了，白天像集市一样吵闹的住院部安静了许多。家属和患者都要睡觉。日光灯整夜地亮着，空气很混浊。有人在梦里呻吟，还有大约四个人在高低起伏地打着鼾，其中父亲的声音最大最有力。

在此之前我的那些寻常日子里，我从未想过有些人的有些夜晚是这样度过的。这会儿我才知道以前那些平淡安详、心无挂碍的夜晚是多么值得感激。

下午有患者出院了，父亲的病床旁有了张空床，我和二哥分别侧身躺在床的一边，都无法入睡。夜里两点多，我去外面停车场找到我的车，从后备厢里拿出一瓶老白干，然后敲开小卖部的门，买了火腿肠和咸鸭蛋，和二哥用水杯喝了点白酒。二哥喝了酒，睡着了。我依然没有一点困意，一边照看父亲，一边看索甲仁波切著的那本《西藏生死书》，我想了解一些关于生与死的真相。书上说，我们可以把人的整个存在分成四个实相：此生、临终和死亡、死后、再生。而"中阴"是指"一个情境的完成"和"另一个情境的开始"两者之间的"过渡"与"间隔"，我想知道父亲此刻正行走在人生的哪一个阶段，我该怎样去帮助他。书上还说，接近死亡，可以带来真正的觉醒和生命观的改变。那么我又该怎样去面对这生命中必然要发生的事情，并获得心灵上的解脱……在那个夜晚，我才知道关于生命的真相，我和很多人一样，有太多的不了解，并且缺少准备，所以当生命中的完美之相被打破，残缺即将来临时，才会有那么深的困惑和无奈。

父亲住院的第三天，昏睡的状态没有改变。医生的用药量每天都在递减。由于长时间仰卧，又一直在输液、吸氧、导尿，不太方便帮他翻身，父亲的后背出现了褥疮，垫上了胶圈，每隔几个小时胶圈上缠的纱布便被血水浸透。每次换纱布，对我都是一场折磨。

父亲住院时，大哥正在天津看病。接到电话，从天津赶了回来。那几天他每天在自己家喝酒，喝醉了就闹腾，他认为这些年他对父母的付出比弟妹多，这让他心理很不平衡。他还对我二哥很不满，因为二哥的儿子在日本读书，经济压力大，而我也曾说过不想按照旧习俗来操办父亲的后事。另外，他还认为这些年母亲偏向小妹，很不公平。

大哥当过二十多年的厂长，经常自誉是个厚道人。他的一反常态让很多人不理解，但我想，这或许是他宣泄内心脆弱与痛苦的一种方式，毕竟他身为长子，面临父亲的现状，他的压力比弟妹要大得多。为此，我和大哥之间有过一次谈话。我说，这些年我们一直以为母亲是我们这个家的绝对中心，可现在我却明白了，原来父亲才是我们这个家的根基，现在看来，虽然父亲这口气还在，但他的灵魂已经走了，镇不住这个家了，所以我们家才会出现这些是非纷扰。是不是别人家这时候也会生出这类家务事儿呢？大哥想了想，说，嗯……

住院的第五天晚上。妹妹和大哥的朋友守着父亲。大哥在家炖了鸡，让我和二哥过去吃饭。那天晚上，我们喝了些酒，说了不少话。大哥二哥说起小时候的很多事，由于我比他们小十多岁，有些事情我并不知道。他们说我在《一只羊其实怎样》中写到的我家那只特立独行的羊，其实还有很多桀骜不驯的壮举，而我只不过写出了很少的一部分。大哥说，小时候他还喂过一只安哥拉兔，长到十四斤。二哥说，父亲在解放前为了不被抓去当伪军，只身从天津逃出来，步行几百里走夜道回老家，在捷地附近遇到了狼，父亲蹲在一堆碎砖上，手握砖头，无论那只狼从哪个方向扑上来他都能有效防御，那晚父亲一直与狼对峙到天亮。

我则想起，我上学用的第一个铅笔盒，是父亲给我用木头做的，很精致，盒盖可以抽拉。父亲还为大哥家的女儿做过一只木马，马腿上装着四个小铁轱辘，可以拉着跑。而二哥讲的父亲的那段只身斗狼的经历，我还是第一次听说。还有，父亲在做扳道工之前做过巡道工，曾经在半夜时救过一个跌落桥洞的人的命。后来当扳道工时，他在值夜班时，还捡到一个从火车马桶里漏下来的刚出生的女婴，用衣服包起来，天亮时被当地村民收养……这些让我想到，这些年一直以为父亲是一个平常、平凡到平庸的人，原来他也有着自己的生命传奇。想想也是，父亲曾经在那么贫穷的岁月里长大，竟然能长成一米八七的身高，这本身就是个奇迹，他一生经历过战乱、饥荒、忧患，用诚实的劳动养大了四个孩子，自己活到八十岁高龄，这无论如何不是件简单的事情。

他灵巧的双手，他的知足、沉默、谨慎、安于天命，谁说不是一种生命的智慧呢？

那天晚上，我们一直说到后半夜。直到二哥在沙发上不住地打盹，五十四岁的大哥搂着五十一岁的二哥说，老二，去睡一会儿吧。

那时我已经几天没怎么睡觉了，天快明时，我在大哥家做了个梦，梦中，我像往常一样回去看望父母，却找不到家了，眼前只有一片残砖断瓦……醒来，我怔怔地想这个梦，一定是父亲要走了。父亲没了便意味着家没有了。

早晨，我们来到医院。妹妹说，父亲昨晚发高烧了，打了退烧针，一会儿输液时，还得再加些退烧的药。妹妹作为家里最小的孩子，从小一直对父母很依赖，这些年也是她和父母一起生活的时间最长。从住院的那天起，她就一直盼望着父亲能够醒过来。这一晚，妹妹很仔细地把父亲的脸和手擦洗得格外干净。父亲脸上的皱纹很少，他虽然劳作一生，但皮肤天生细腻有光泽，这一点我们兄妹都得益于他的遗传。

我看着父亲。此刻父亲恍若一条被气浪推到岸上的大鱼，张着嘴，吃力地呼吸着，鼾声的力度已明显减弱了，他上颚的皮肤由于长时间被肺里呼出的热气熏蒸，已经开始腐烂、脱落。我想，父亲的最后时刻来了。

我握着父亲的手。我说，爸爸，你现在一定很难受很难受吧，爸爸，我们都盼着你能好起来，回家，喂鸟，劈柴，和我妈做伴过日子……我说，爸爸，你要是真的不行了，也别有太多的牵挂，放心地走吧。我们会照顾好妈妈，会好好地过日子。我说，爸爸，你一辈子为人清白、勤劳、忠诚，你在睡梦中离开这个世界，是终得善果，是你的福报。我说，爸爸，你走的时候，会有神灵指引你，去西天极乐世界，过安详喜乐的生活，你跟着他的光明向前走，一直走，不要回头……

当我说完了这些，我看到父亲的眼角涌出了一滴眼泪，缓缓地，顺着脸颊淌了下来。

写于 2008 年 12 月 12 日

不一样的生活

最近几年，除了四处游历和外出参加一些活动，我更喜欢待在这个小城市里，看书，写作，过安静而简单的日子。

这天，我请一个新认识的朋友喝咖啡，她是从广州来的美容师，整天在全国各地跑来跑去。她说，她真没有想到，在这么个小城市里会遇到一个像我这样的女人，她还说，更没有想到像我这样一个女人竟然在这个小城市里生活得这么悠然自在。

我说，你是不是还没有想到，在这个小地方可以喝到这么好的咖啡呢？

那天，我们喝的是精品咖啡，来自埃塞俄比亚的日晒耶加雪菲，还有印尼的黄金曼特宁。咖啡的制作很专业，味道非常地道。

那个下午，秋阳明亮，"映画"咖啡屋的主人，一对小夫妻，不忙时就过来坐下和我聊会儿天，说说书、电影和他们遇到的有意思的客人。那只不爱理人的白猫，在窗前的藤椅上晒太阳。

本色的木头桌椅，时尚而精美的器皿，在咖啡浓郁的香气里，呈现着生活原本的质地。

咖啡屋窗外的路上，偶尔有行人和车辆经过，午后的时光总是很安静。

在这个世界上，有着各式各样的爱情、婚姻，有着各式各样的生活。

在电影《纳尼亚传奇》中，扮演白女巫的蒂尔达·斯文顿，气质古典高贵，是我很喜欢的女演员，她曾获奥斯卡最佳女配角奖，不拍电影时，她依然会回到她小镇上的庄园里生活。她说："我不是非拍这些电影不可……事实上，我没有职业，我只有生活。"

而"映画"的这一对小夫妻小树和瑞晗，是从北京的职场辞职来到这里，开了这间咖啡馆，几年来，他们做着喜欢的事情，相互陪伴，这样的青春时光不压抑，也不过于张扬，明晰、自由而舒展。

他们说，以后要买辆房车周游世界，尝遍各地美食；还要买一套小房子，房子里有一间小小的卧室和大大的厨房。这样的梦想，想想就让人快乐，何况是两个人一起憧憬，一起享受。

是谁说过，最好的爱情，不是相互对视，而是我们看向同一个方向。

而我来到这里，是命运的安排，我先是接受，然后慢慢喜欢上，无论走多远，都会记得回来。

　　猫喜欢吃鱼，可猫不会游泳。鱼最喜欢蚯蚓，可鱼上不了岸。

　　上天就是这样，为不同的人们安排了不一样的生活。

原来 老子真的很老

现代人缺乏的不是知识，而是常识。

——题记

"读《易经》，读《道德经》，我都为古人难受。他们遍体鳞伤，然后微笑着，劝道：'可要小心，不要再吃亏。'"我读到木心《文学回忆录》中的这段话时，忍不住想笑，那么邈远威严的老祖宗，经木心先生这么一说，竟像是爱唠叨又无奈的老爷子，好像那时候他就知道几千年之后，将会有一群我们这样的后人，狂妄无知而又冥顽不化。

木心还说，老子他老人家寿年大概超过两百岁。原来，老子真的很老，难怪他学问那么好，看得那么透，懂得那么多。可我们一贯是不听老人言，吃亏在眼前的。

其实爱操心的，不止《易经》《道德经》，还有《黄帝内经》。

我很久很久以前就知道这本书，但过了很久很久以后才想到看它。

记得，去年拿起这本书，只一翻，便如醍醐灌顶，原来

《黄帝内经》不像想象的那么高深莫测，起码前半部《素问》里的篇章不是，它说的是常识啊，是常识。

它说，上古之人能长命百岁，且形与神俱在，因为他们"法于阴阳，知于术数"，它告诉我们男人是怎么一回事，女人又是怎么一回事，怎么四气调神，生气通天，甚至还仔细地说到你的"魂"住在哪儿，"魄"又藏在何处。这些词语，我们很熟悉，以至于熟悉到全然被我们忽略。

它说"上古之人，其知道也"，而此知"道"非彼知道，是知天道，自然之道，而我们非但不知道，还逆天而行，所以天地失和，阴阳失调。失了常态，当然就是病态。

我们生而为人，还妄称"灵长"，却如此不了解自己，不懂得如何安神，不了解怎么养身，甚至不会吃饭，不会喝水，不会睡觉，食饮无节，起居无常，把一切都弄反了。

所以木心又说，自老子后，人们吃老本吃苦头两千多年，坐吃山空。

可怜的现代人，我们有高学历、高科技，就觉得很了不起了，我们真的不缺乏知识，我们缺少的是常识。而常识，即是道德。是不扭曲、不变形、道法自然、符合天性的生活。

是时候了，回到自己吧，然后再超越自己，趋向无我而达天道的境界。

也许这一切，还不算太晚。

我只想倾听自己

　　神气舍心——不是你的神气离开了你的心，而是把心当家，安驻于此。

——题记

　　说起"辟谷"，其实我早就知道历史上有这回事，知道它是道家常用的养生方法。所以一说起道士，就会给人超凡脱俗、仙风道骨的感觉，比现代人的样子好看得多。

　　很多时候，我们靠着一种惯性生活，也叫得过且过。如果不借助外力，很少有人主动做出改变，比如生活方式，思维方式，生命状态——心态、体态、容貌什么的。但是当惯性的生活像一辆奔跑的车突然停了下来，这时你才会想到要下车看看，我这是走到哪儿了，往下的路要怎么走呢？

　　话说一年半之前，我在都市报做了十二年的专栏停了下来。我知道，这一天是必然要来的，自从我第一天开始做这个栏目，我就想到过有一天它会结束，只是没想到这个过程竟然这么漫长，漫长得让人有点不耐烦。但细细想来这一切又都那么恰逢其时，就如同一个人的到来和离开，那么一件事情的开始和结束也是天意。是上天觉得你的这个使命结束了，它要给你另作安排。

按照惯例，也许我该说，这十二年是我生命中最重要的一段时光，可是生命中的哪一段时光又不重要呢？还是想想以后的日子吧。

于是我那时写了这样一首小诗——

聚拢　还原
把我交还给我
我不想倾听世界
我只想倾听自己

其实这首诗的本意就是，多好啊，不用为那么多人操心了，我还是多关心下自己吧。

于是，我就开始关心自己了。

这有点像"反攻倒算"。

我需要一个开始。

一个人在草地上放一群羊

如果你找不到生活的现场感，你就无法体会生命。

——题记

这个开始到来得并不容易。

当然，我说的是那种真正的开始，而不是给别人看的。

比如说旅行、阅读、思考什么的，当我煞有介事地去江南、湘西、内蒙古草原、塞班岛……一大圈转下来，我发现，在路上，只不过是生命外在的一种状态而已，而且在微博、微信流行的年代，旅行更像是走秀，外面的世界很难进入我们的内心，因为我们的心是满着的。

那里面有着太多的东西，它们层层叠叠地堆积，好的，坏的，恼怒，嗔怨，即使是高兴的、喜欢的事，那也是要占地方的。满满的，沉沉的，累累的，在这种状态下，不论旅行，还是阅读，其实都找不到生命的临在感。

临在感，也是现场感。做《人生采访》的这些年，我关注了很多人的命运，反而对自己的生活漫不经心。时间久了，成了惯性。

生活是什么，生活其实就是生活本身。

还有就是身体的各种问题，一个人如果气血不通畅、经络不通达、三焦瘀滞，还想要情绪不焦躁，心情不郁闷，那才怪呢。

两年前的那个冬天，我过得并不好，一连两场感冒，严重时几天高烧不退。

那天晚上，我在好友了然家为她过生日。外面照例深霾锁城，而室里，有鲜花、红酒、柔和的灯光、美味的蛋糕。我们还换上了漂亮的礼服。石家庄的冬天，没有点娱乐精神还真不好过。

十多年的朋友了，很多东西彼此已心领神会。那半年我们联系得不多。但当我在微信群里看到她的新名字"了然"时，我似乎感觉到了在她身上一定是发生了某种变化。

果然，那个夜晚，我们第一次谈到了"静态养生"，谈到很多人通过调理身心得到了健康和快乐。而我同样能感觉到她的不同，依然小女人的温婉外表，又有了女汉子的质地，天哪，这妞儿更加了得了。

那天晚上，我们说到了疗愈身心的各种方法，说到"辟谷"时，我说："辟谷"吗，我很早之前就知道，以后我要去做。她说，太好了。

就是这么简单。

其实那会儿，我对"辟谷"并没有很多的具体了解，但我知道它在众多的养生方法中，是一种对人而言很好的疏通和清理，而我需要的正是清空自己和清空之后的修整。还有一点，是因为做这件事情的是我了解和信任的朋友，有些人天生对生命敏感，她们愿意在心理学、灵修领域各种探寻，帮助人们找到离苦得乐的好方式，而我只需要放下、相信和接受，即可。

记得那晚，关于"静态养生"这个概念，我还这样杜撰了一番——静，是安静，把心放空；态，是让心大一点儿；养，当初甲骨文的本意是，一个人在草地上放一群羊，是指生命那种自由自在的状态；生呢，当然是万物生长。

想想就很好。

那个捡鱼的小男孩

更高　更自由
抑或　更大的虚无
这一刻
我只有破茧而出

在某一天，当我写下这首小诗，我想，是时候了，该重新出发了。

于是，便有了第一次静态养生七天辟谷，我称之为"传奇的七天"。

"一个人，如果能听到内心真实的声音，要么成为疯子，要么成为传奇"，当生命进入修行状态，学会的不是形式上的禅坐、冥想，而是让身心得以真正放空，安静下来，清晰地观察自己，从而进入更加空灵自在的境界。

"在这七天里，我们体会了一种完全不同于以往的生活方式，成为这个世界的传奇，也成为自己的传奇。"于是，后来在静态养生中，我说的这句话经常被引用，更多的人走了进来，成为自己的传奇。

关于那次辟谷修行，还有一个有趣的故事，在那些一起养生的朋友中流传开来，那也是我做完第一次辟谷养生，在之后的分享会发言时说到的。

在海边，一次退潮之后，搁浅了很多很多的小鱼，它们在痛苦地挣扎，却难以再回到大海，一个小男孩看到了这个情景，他不断地捡起一条条小鱼，用力扔向大海，这时旁边有人说，这么多的小鱼，你救起几条又怎么样，有谁会在乎呢？小男孩一边捡鱼，一边说，这条鱼在乎，这条鱼也在乎……

是的，生命如此可贵，即使从前真的已有过无数次的轮回，那这一世也有着独特的因果和意义，无法重复。而现在我们的生存环境存在各种污染和不安全因素，人们的内心如此焦虑和不放松，身体出现的问题也越来越多。在我看来，那些面带微笑、心怀慈悲、愿意帮助人们达到身心和谐健康状态的人，都是天使，都是那个一次次捡起小鱼扔向大海的小男孩。而她们说，你也是啊。

是的，其实我们更应该感谢的是自己，感谢自己对命运做出每一个好的、对的、负责任的选择。

经过几次辟谷养生，后来我又和道家师父学习内丹功，一段时间实修之后，我抵达了自己生命中那个很好的状态，轻灵，愉悦，自在。

有谁真的不在乎呢，只不过是机缘不同罢了。

辑
二

行走——有情观照

尼泊尔"4·25"地震亲历记

　　2015 年 4 月 24 日 16 点，我从拉萨市的尼泊尔领事馆前出发，沿 318 国道前往尼泊尔。旅行社安排的是一辆金杯车。

　　当时车上同行的大多是喜欢穷游、徒步之类的"80 后""90 后"男孩女孩，共 12 个人，还有两个藏族司机。年轻的是那种健壮的康巴汉子形象，那个年长点的司机看上去有些邋遢，你无论说什么他都哈哈大笑。他一戴上那副酷酷的墨镜，我们都说他帅到没朋友。

　　坐在我旁边的是一个贩牛的商人，还有个瘦瘦的男孩小白拎着两瓶水和啤酒，他说要去尼泊尔找他的女朋友，给她个惊喜。金杯车一路前行，藏歌悠扬，说说笑笑。

　　那一路的辛苦自不必说，但确实看到了无法言说的美景，连绵不断的荒山、雪山，无边无际的雪原，其辽阔，其绝美，其震撼，一生难忘。难怪有人说人这一生一定要走一次川藏 318 线。

　　西藏的天黑得晚。夜色在辽阔和荒凉的景色中来临。那一路，车开得不快。有好几个测速站，司机要下车签字。

　　晚上十点到了日喀则，我们在那儿吃的晚饭。我的邻座请我吃陕西面馆的羊肉面，别的小伙伴和司机在东北人开的饭店吃煎饺。

车开动以后，很快到了后半夜，每个人都很困很累，车开始不断被边防站要求停下检查，身份证、护照从没有这么有用过。终于在两点多进入一个检查站时，检查完回到车上，等了一会儿司机才过来，说检查站不让走了，要停在站内休息三个小时。于是，全体人员抱怨了几句，开始在车上睡觉。因为高原反应，我在拉萨的那几天一直没睡好，在高原的车上反倒睡着了。

三个小时后，夜色苍茫中，车准时开动。天也渐渐有点亮了。路还算好跑，两边的雪山蔚为壮观。那个年轻些的藏族司机有时还要耍酷，把车开得飞快。老司机则稳当得多。车外，有时下雪，有时下小雨。

那一路偶尔遇到一个村庄，夜里看不到灯光透出来。早晨，沉默而安静。

记得在门布乡，下车去一个院子里找厕所，出来时，我看到房门前蹲着一只黑狗，它看着我，我对它点点头，打招呼，它也对我点了点头。出了院子，路边并排站着两只狗，不叫，看着我们走过。

中午时分，快到樟木口岸，在最后一个边防站下车检查时，我忽然听到两声巨大的乌鸦叫声，"哇哇"像小孩的哭声，声音大而清晰，很惊悚。

车到了樟木口岸，要进关了，我们把车上没喝完的水还有一路没喝完的啤酒、零食都送给了司机。出关后，再有三四个小时就到加德满都了。贩牛的商人下了车，要在樟木停留几天，另外两个年轻男人也和我们分开了。

我们先出关，然后再打上当地的出租车，每人15元，到了一个地方，再入关。

一番折腾之后，终于过了海关。

来之前，我事先联系好了河北邯郸的老乡们在加德满都的旅馆——泰米尔区"泰山宾馆"，路上宾馆的李总打来电话问，你们几个人？我说，目前只有我自己，还有几个拉萨的朋友这两天过来，约了到尼泊尔再联系。他说，问一下你现在同车的人，如果也住他那儿，他会一起把我们接过来，出了关就会有车等着。于是在车上我问了一下，五个女孩、两个男孩也决定要住在那里。于是我们前后出了关，又一起上了那辆李总派来的说不清算是越野车还是面包车的小车，司机是尼泊尔人，样子憨憨的，帮我们把行李装到车上，车上放着尼泊尔风情的音乐。又一次出发。

海关那儿，脏脏的，乱乱的。去加德满都只有一条窄窄的山路，很颠簸，偶尔路过一个小村庄，房子也很破旧，人们长相黑瘦，笑得很和善。我说，这真是辛辛苦苦几十年，一觉回到解放前。小伙伴们说，姐，来尼泊尔就是要体会这种返璞归真的境界。他们还说，如果我住下来，一定会喜欢上这里的。他们几个到加德满都几天后继续前行，去博卡拉，那里有年轻人喜欢的各种玩法。我说，到了加德满都，最多待两三天我就要回去。

可是这个世界就是这样，你永远不知道下一秒会发生什么。

司机的山路跑得很熟练，小白他们偶尔用英语和他聊几句。

车开了一个小时的样子。

这时前面又遇到了一个村子。路边站着边防检查人员，还有一名女警察。路上听说尼泊尔边防检查时会索要东西，可是我们遇到的检查人员都还不错。那几个不知是士兵还是警察的人，看了我们每个人的护照，看了下随身的包，还算客气地放行了。

车子大约又向前开了几十米的样子，我随意地一抬头，忽然感觉到了不对，路上似乎有人在慌乱地奔跑、呼喊，就在我们车的右前方，三个男人相互搀扶着望着某个方向，那是极度紧张的表情，看上去有些夸张。而我们的车停了下来，我们在车里完全不知发生了什么，相互问"怎么了"。我在想，暴乱？拍电影？打架？司机第一个下车，我们也下车想看看情况，脚一落地，突然感觉到地面剧烈地摇晃了几下，一抬头看到河对面的山上落下来一片山石，尘土升起很高，第一个反应是"在爆破吗"，再看村民惊叫着往路边的山坡跑，忽然才想到，天哪，不会是赶上地震了吧？

尽管当时有些明确是遇到了地震，但是我们每个人都还是心存侥幸的。

不会这么巧吧。这也太神奇了。他们这里是不是经常地震啊？喜马拉雅地震带嘛。地震过去我们还能接着走吧？……

但是很快我们发现事情远远没有那么简单。

短短几分钟内，远处不断有低沉的声音传来，接着就是大地的颤抖，对面山上有山石落下，近处的房屋在晃动，越来越多人从家里跑出来，往路这一侧平缓的山坡上跑去。

很短的时间内，我们也做出了决定，离开车，行李不带，只带上护照和身份证，和当地群众一起上山。

就在上车拿护照时，除了奔走的村民，我还看到一个高个子、穿绿色长袍的女人，像是外地人。她在当街做着祷告。

这一边的山有些像梯田，一层层向上延展，我们站在、坐在平坦些的地方，望着脚下的村子，村里不断有人跑上来。对面河岸的山坡不断滑坡，一大群乌鸦在山上盘旋"哇哇"叫着。这是什么，世界末日吗？

又发生一次稍大些的余震，有的当地人在山上站起来跑动几步，我坐在土埂上没有动，女孩们说，姐，你真淡定啊。我心想，不淡定有什么用，这又不是我说了算的事。

过了一会儿，看到有受伤的村民被抬上山坡，左肩的纱布渗出血迹。那个做祷告的女人也上山了，我过去和她并肩而坐，我们都没有说话。还有一个老妇人牵着一只羊上来，还有人端着几支燃着的香；不远处一个年轻的女子陪着一个老妈妈上来，老人家小声地哭泣、念经……我走过去抱着老人家，她紧紧抓着我的手……这时候没有种族、没有国界、没有男女之分，这是人类共同的灾难。

大约过了几十分钟，余震渐缓，我们回到车上又拿了些东西，水、手机什么的，不敢正式地拍照，也不忍心拍照，我们只是游客，而那里是他们的家园。后来，我又想还是要留些资料吧，于是悄悄用手机拍了几张照片。

我从没有经历过这种时刻，唐山大地震时我还小，印象不是很深。后来遇到的地震也不过是轻轻晃两下，而这次余震却是不断，一次过去，下次很快就到来。我忽然在某一刻竟心生愤怒，望着远山——这还有完没完啊？又一想，这可是在有信仰的国度，不能诅咒，还是祈祷吧！于是起身双手合起，向老天、向上帝、向佛祖、向无处不在的神明祈求，保佑这块土地上的人们，保佑我们安全回家。

也许上天自有它的道理吧。

时间过得很慢很慢，这是生命中离奇的时段，你知道上一秒发生了什么，却不知道下一秒又将会发生什么。

余震还是不断。不知道震源在哪儿，震级多少，还会不会有大震，什么时候结束。

一切都是未知，只知道我们几个还好。那几个男孩女孩都是经常到处跑的，野外经验都有，说我淡定，其实他们也很厉害，心理承受能力都不错。

村民也安静下来，静静地等着，也只能等着。

　　这里的人们虽然贫穷，但是温和善良，内心平静。小伙伴们说尼泊尔是全世界有名的幸福指数高的地方。来到这里，你会明白他们为什么会这样。我觉得这其中有信仰的原因，也有对大自然的敬畏和臣服。

　　等我们有心思看时间的时候，已是北京时间下午五六点了。

　　我想，这个消息很快就会传到国内，家人们都知道我们过了海关，一定非常担心。这时候，杭州女孩恰恰说，她妈妈发信息问了。我们当中只有她的电话开通了国际漫游，另外几个人都是想着到加德满都买当地电话卡，用当地网络和国内联系。恰恰说，她妈妈发来信息，国内通报了，刚才是七点多级地震，要她注意安全，必要时联系大使馆。恰恰一副淡定的样子，她妈妈会有多担心啊！她说："我妈妈就那样儿。"我说趁着现在还能有信号，我们每个人都给家里报个平安吧。于是我们都用恰恰的手机发了信息。很快，家里的电话就急切地打进来了，但是信号很差，时断时续，能打通就不错了。

　　果然，信号很快没有了。几个小孩都能用英语和当地人交流，他们跑去打听消息。坏消息不断传来，回樟木的路和前往加德满都的路都被落石封住了。

　　天黑下来，天气很阴沉，有可能下雨。余震还在持续，乌鸦还在盘旋、大叫。

　　晚上怎么办？

小白建议，我们晚上就在山上住，那里最安全。然后他们去车顶上拿行李。我想，不能在山上住，太潮湿，万一下雨会更麻烦。我去找到司机，和他去刚才查我们护照的边防军那儿，那儿有一片空地，有很多村里的百姓和军人，也停着几辆车。我边说边比画：我们的车在那边，不安全，我们要停在这儿，在这儿过夜。终于他们中有人同意了。我让司机去开车，让小白他们重新把行李装上车。今晚我们在车里过夜。

车停在了空地的路边。村民去家里拿东西、搭帐篷，倒掉了一边墙的房子没有人去管，人们都很平静，坐在地上聊天。有军人或者警察拿着枪，穿着拖鞋，坐在板凳上，或者走来走去。

天近黄昏。

恰恰刚从英国留学回来，那丫头英语说得很溜，她和一位同样被困在小村子里的加德满都官员聊得很热情。另外几个小伙伴——小白、自黑、周小摸在打扑克，我在车上坐一会儿，下来溜达一会儿。村民开始搭灶做饭。

有一个微胖的大眼睛警察在车门口站住几次。似乎想和我聊天，但是不知说什么，只是笑笑。

夜晚迟迟不到。天亮似乎更遥不可及。

这时才想起吃饭、喝水该怎么办。

我坐在空地的一块大石头上，周围是坐着、躺着的村民。政府的人抬来了大锅、大米还有调料。看上去要煮咖喱饭。有小伙伴说，好想吃啊。

然而我们发现，在这里没有人因为你是外国人而多问你一句、多照顾你一点，但是他们也不会因为你是外国人而难为你、驱赶你，他们只是平静地接受自己的命运。

我想起包里还有一罐拉萨啤酒，是头天晚上和藏族朋友喝酒，因为担心高原反应而不敢多喝，悄悄装起来的，于是把它掏出来，看着落日余晖，听着河水的哗哗声、乌鸦的叫声，在周围一些陌生面孔的陪伴下，还有余震的摇晃中，喝下了它。然后又从包里找出一盒蓝莓酥，是头天在咖啡馆参加读书论坛活动时，向老板娘要来准备去尼泊尔的路上吃的。结果只动了几小块。那是在凌晨，边防站例行检查时，我下车最晚，走在最后面，边防站的狗跑过来接我，陪着我过去接受检查，然后又把我送回来。我到车上拿了这盒蓝莓酥，喂了它几块。邻座开玩笑说，快到了，都给了它吧。我说，还是留着吧。

我招呼小伙伴们过来，大家一人一块分吃了它。

一个很漂亮的小女孩走过来和我说"Hello"，我伸出手，她让我抱抱，然后又跑去拉来她的妈妈，让妈妈和我聊天，我们也只是笑笑。

小伙伴们去村子里的小卖部买来了纯净水和方便面分吃，方便面干吃。他们说仿佛回到了学生时代。

那个黄昏，如此漫长。

我最担心的是加德满都的老乡怎么样了，一直没打通电话，发了信息也没收到回复。我想，他也在惦记我们吧。

女孩们要去厕所，警察摇头表示不可以，指指河边，示意可以去那里。

河边，往下走一些有个隐蔽处，但岸上也已有了大的裂缝。

接下来的夜晚要一点一点地熬过去。

无论如何，坚持到天亮再说。

夜色渐深，此时的余震还在，只是时间间隔长了些。

人们露天而眠，有余震也不再作奔走状。

我在车上，想着这场地震遇见得如此蹊跷。本来我是4月26日才能拿到签证的，可是朋友的老公与尼泊尔大使馆的人熟悉，结果4月24日当天我就拿到了，问我下午有车走不走。本来打算乘坐第二天的飞机直飞加德满都，但又想看看川藏318线一路的景色，于是就这么赶上了。

一个人在车上，余震发生时车有轻微的晃动。

下车来，余震在脚下时，你能感觉到大地那么真实而清晰的存在，那抖动，像一个人疼痛时肉体的颤抖。

前半夜，因为要和加德满都的李总联系，看看明天怎么办，恰恰的手机一直在我手里，信号时有时无。国内不时有电话打进来，经常一接就断。想想有意思，恐惧往往来自想象，家里人指不定担心成什么样了，我们反倒挺淡定。偶尔能收到家里的信息："有水和食物吗？有休息的地方吗？""有。放心吧。"恰恰的妈妈几次发来大使馆的电话，其实那个电话是打不通的。她家还几次为手机充话费，生怕这唯一的联系通道断了。

这时加德满都的李总终于联系上了，他还好，说城市正乱着，人们都在外面。我告诉他，我们很平安。他也放心了些。

当时，我心里明白，走是肯定能走的，出去也是肯定能出去的，问题是要多久才能离开这儿。

我下车去看小伙伴们，那几个男孩女孩正围坐一圈，聊着他们在别的旅途上的见闻，他们年龄不大，却都是背着大包走世界的主儿。其中来自广东的 Andy 说，他已经发了朋友圈，5 月 2 日要在博卡拉过 23 岁生日，这下要是去不了了怎么办？又说，他来之前曾和朋友说，他这次出来也想体验一下生死。于是小伙伴们一起说，我们想打你，怎么办？

我招呼他们来车上睡一会儿，他们挤在后面的两排座位上，我在前面，旁边是恰恰和小摸，小摸是个白皙柔弱的女孩子，想不到也很坚强。他们很快睡着了，听着他们的呼吸声，看着这些年轻可爱的面容，我想，我们一定要平安地出去。

半夜一点多，那位被困的加德满都官员敲车窗找恰恰，用英语交流了一会儿，原来他想连夜走出去，说走一个多小时就能到通车的地方，问我们要不要一起走。我们没有响应。这半夜三更，黑乎乎的，还有余震，山上掉石头也看不到，太危险。还是静等天亮再做决定。

很快又都睡着了。

三点左右，似乎又发生了一次较大的余震，车在摇晃，我感觉到了，没有动。他们依然在梦中。

天渐渐亮了，有村民在走动，有人停在车前打挺长的电话，看来通信恢复了。但是当地人说，路没有通，几天内也通不了。

其实我想一些问题的时候，只是在前半夜，小伙伴们围坐聊天，我一个人在车上。

此时在异国的一个小村子里过夜，真是个奇特的事情。

想想此时，向前走的路和后退的路都不通，通信基本中断，再加上语言不通，停电，没有住处，和小伙伴相比，我甚至没有钱——因为出关时惦记着联系老乡旅馆派来接的车，而没有在海关里面和小贩换尼泊尔币，想着到了旅馆住下后，再出来换货币、买当地电话卡。

此可谓绝境了吧。

想想从小命运对我不薄，无病无灾地长大，那么上天的这次安排或许也自有深意。

于是我在车座上打了一会儿坐，数着均匀绵长的呼吸。天地安静。

感谢神明。接受命运的安排。为当地受灾的村民祈祷。

偶然会升起一点烦躁，是因为行程的打乱和对情况的不明，以及对后面几天的茫然，但是我相信，这一切都会过去。

天亮起来，露宿的村民开始支锅造饭，三三两两地议论。余震不时发生。

我还想到，这地方不会是余震的中心吧？还是早点离开的好。

我们下车走动，了解情况。司机在不远处和村民聊天，他加上了一件黄色的外套，小样儿，穿上马甲就不认识你了？我去把他拉过来，告诉他，我们是一伙的，不许单独行动。司机好脾气地笑。

有两个小姑娘拿着皮筋过来和我们玩儿，我教她们跳"小皮球，香蕉梨……"小摸和她们跳了一会儿。一个年轻的男人抱着很小的女儿，在车窗外看我们，小女孩很安静，黑瘦的小脸，一双忧郁的大眼睛，怎么哄也不笑。看到有小学生模样的孩子们背着书包向村外走，看来学校还没停课。

白驼和 Andy 找到了远一点的小卖部，买来瓶装水和饼干，大家分吃了早餐，我从包里找出水果酵素，让他们放进杯子，用冷水冲了，补充下体力。

司机过来说，现在的情况是车子出不去，只能走出去了。

于是我们开始收拾车上的东西，准备步行。可是过了一会儿他不知道听到什么消息，说先不要走了。

于是我想走远一点，看看村子的情况。刚走几步忽然听到背后有说笑声，有人说，可算是碰到中国人了。回过身看到几个中国人从樟木方向，也就是我们来的方向走过来，大家亲热地打招呼。是三个东北哥们、两个年轻女孩，他们也是在拼车去加德满都的路上遇到地震，被困路上，和当地的驻军一起过了一夜。天亮之后，走了一个小时，遇到了我们。

两拨人聚在一起商量情况，目前道路断交，回樟木虽然只有三十公里，但是西藏也地震了，那边是陆路，如果不通车，困在樟木，就更难回去；去加德满都虽然路远一些，但是只要走到能通车的地方，到了城市，有飞机，只要通航就能回去。高个子的东北爷们极有号召力地说，走吧，一起走！

这时我们的司机也和另一辆车上他认识的司机朋友商量好了，也同意走出去。那位加德满都的官员昨夜也没有走成，这时也过来说和我们一起走。

如果不是地震，那当是一个美好的异国乡村的早晨。

如果不是地震，那将是一场青山绿水间的徒步旅行。

不能说心里没有阴影，但是只要你不去过多地想它，不在心里过多地渲染和夸张，也基本可以一如平常。

收拾东西时，我本不想带上我的那个大旅行箱，好像一般电影上遇到这种灾荒战乱，都是要抛下一些身外之物的。我和司机说，我的行李就放你车上吧，等你来取车时，再带到加德满都，让我朋友帮忙寄回去。他摇头，我问，带上它走？他点头。那么，好吧。

小伙伴们的行李都背上了，他们带的都是比较专业的野外旅行装备。白驼招呼大家，把早晨买的水和食品分装带上，以备路上用。唉，这些喜欢自讨苦吃的小孩。

　　我的行李箱最大。我打开它，几套衣服、相机、日常用品、礼物、朋友托买的饰品、两本书。一本我自己的书《好女人不折腾》还带着塑封，是带来送朋友的；一本是随我旅行的《天涯》杂志（2015 年第 2 期），那篇上海作家谈当前阅读的谈话录，对我这次拉萨的活动还是很有启发的。从石家庄上飞机，到西安转机，到拉萨，又从拉萨到尼泊尔，它陪我一路走来，真不忍心丢下它。何况到加德满都，如果一时走不了，没有杂志看时光会更难过。我说"我回去的飞机上还要看的"，小伙伴们说，带上吧，带上吧。于是我把我的书交给司机，让他放到车上，那本《天涯》又放回了箱子里。

　　离开那个小村子的时候，我们已经知道了，我们昨天经历的地震不是 7.4 级，而是 8.1 级，是尼泊尔百年不遇的强震，也是此时全世界的第一大事。原来我们一不小心上了世界头条。我们还听说了，那个小村子也是有伤亡的，只是不了解详情。

　　在当时，离开是最好的选择。那个小村子，虽然昨晚庇护了我们，但如果道路几天抢修不通，那里不是久留之地。曾听说过从前有一个高僧，外出化缘，从不在同一棵桑村下过三宿，就是不让自己生起依赖心、执着心。我甚至没有和加德满都的李总打电话商量我们下一步的计划，首先电话依然不好打通，再说他们那边也可能自顾不暇，先走再说吧。

　　上路。我们离开了尼泊尔那个小乡村。至今也不知道它的名字。但是我们会记住那些面孔，那些偶遇的一闪而过的缘分。

　　路还算不错，挺平坦，不时看到长长的裂缝，一边是绿树、青山、鸟鸣，一边是河水滚滚。还好，走了不远，有一个当地的男人也和我们一起走，他和小白交流，表示可以帮我们拿行李，小白问我的意见，于是我把行李箱交给了他。庆幸而感激。

　　还好，离开那个小村子后，余震似乎也没有了。

　　路上陆续有村民结队向前走，不知是去加德满都，还是去前方村镇投奔亲友，依然平和而安静。路上还看到一对母女，女孩极漂亮，母女俩都穿着红裙，头上还戴着红花，仿佛去参加一场乡村婚宴。不忍这时候请她们配合拍照，只是悄悄拍了她们的背影。也有相携的父子、父女，显得困苦而病弱。

　　我们的队伍匀速行走。瘦小的小白是做特色客栈的，他跑前跑后，照看着大家，身前身后分别背着包，手里还拎着两大瓶水。我接过了他的水。恰恰和 Andy 走在最前边，边走边聊，恰恰这个英国留学刚回来的漂亮女孩的耐力超出我的想象。广东的圆脸女孩艺琦、小猫一样的周小摸和另一个看上去沉默而怯生的女孩（后来我才知道她叫仪仪），她们是结伴而行的，也走得温柔而坚定。周小摸很白皙，她说，朋友们说她像一棵柔软的草，风来了，会随风伏下，风过了，依然站着。她用手模拟小草的样子。自黑是河南女孩，在西安工作，朴实得像邻家女孩，爱笑，和我聊她背着大包走世界的经历。

真喜欢这些小伙伴们的不惊慌，不抱怨，懂分享，能付出。和他们在一起，你会想到这果然已是个想走就走的世界了。

三个东北哥们，一如既往地热情洋溢，走得麻利，说得热闹。

高个子的男人叫马长明，在拉萨工作，另外的哥儿俩，苏在平和于志强，是大前天到拉萨来找他玩儿的，三人还没好好转拉萨，就办了个加急签证，赶上了昨天到尼泊尔的车。那辆车在我们的后面。当时他们和另外两个女孩在樟木口岸拼了辆越野车去加德满都。走在山路上，听着音乐，正美着，车爆胎了。三个人还好心地给司机另加了补车胎的钱。就在司机换车胎时，他们在路边照相，忽然一块大石头从山下滚下来，砸到车上，幸好没砸到司机，这时他们才发现地震了，向着平坦些的山坡上跑去。"150 米高的山坡，十分钟就蹿上去了，跑得比兔子都快。"那夜，他们是在山上和当时的驻军一起过的。士兵穿着大拖鞋，端着冲锋枪。天亮之后，驻军不愿意再收留外人，他们决定下山往加德满都方向走。走了一个小时后，遇到了我们，和我们结伴而行。

缘分啊！我们都说。

路上，走一段就会遇到道路被落石堵塞，连摩托车都过不去，但是我们能翻过去。那个当地男人一直拉着我的行李箱，翻落石时就扛过去，他走得快，远了，就坐下来等着我。加德满都的官员刚走了不久就拦了一辆摩托车走了，一直没见他返回，看来他还算幸运，赶在一些大的落石前出去了。

过落石的地方，小白招呼大家小心些，分开走，生怕惊动了山上那些松动的石头。过去以后，一如平常地走路。

山路总是这样，觉得走了好久，但其实没走出去多远。而且总是走很久，才能遇到一个路边的村子或者镇子。每个村子情况都差不多，有的房子倒了，堵了村子的路，有人在清障。还看到一块很大的石头堵在路上，有村民拿着榔头敲，这要敲到啥时候才通车呢，我们觉得走出来还真是对了。女人、老人、孩子坐在路边废墟上，当看到我们走过，只要对视，她们会笑着和我们打招呼。每当看到这些当地人，想着他们以后的生活，我都为他们难过，真希望这是一场梦，大家一起早点醒过来。

路过一个用竹竿搭成的学校，孩子们席地而坐，在上课。

小白从昨天就开始往国内打电话，通过朋友联系他的女朋友，其实那个女孩还不算是他真正的女友，只是他喜欢的女孩。这次他通过女孩的姐姐知道她在博卡拉，一路追过来，想给女孩一个惊喜并当场表白。第二天他知道女孩目前安全，他说到加德满都后，不会立即回国，他要等那女孩到达加德满都，把她安全带回国内。

不觉走了快两个小时的样子，到了一个大些的镇子。那个给我拎箱子的男人表示，他来这里投奔亲人，不再向前走了。因为手里没有尼泊尔币，现金也不多了，我给了他200元人民币，折换成尼泊尔币有三千的样子。感谢他一路的辛苦。

接下来的路程，我们的司机又开始给我拉箱子，有时他的那个朋友也会帮忙。

路过路边的一个亭子，有村民在卖香蕉和瓜果，这里的人不会因为地震而哄抬物价。有尼泊尔币的东北哥们和我的小伙伴们，大家买了一起吃，也分给司机和他的朋友。还说这个小亭子现在是中国大使馆，尼泊尔人进来要查护照。

快到中午，在加德满都的李总发信息问，你们怎么样，出来了吧，到了哪里？联系上以后，说了我们目前的情况，他说，好，我在这边等着你们。

又走了大概两个小时，有时在村子遇到停着的车，也有人问我们要雇车送一段吗？我们的司机总是笑着摇头，意思是车走不远的，还是自己走吧。我们只好跟着他走。果然他说得对。

这时候仿佛已经没有了余震这回事儿。一路上只有很少的几次感觉到路面的轻微晃动。

　　走着走着，感觉热了，也有些疲惫了。我还穿着昨晚的棉衣和加绒牛仔裤，换下来后，我把它们放在路边的石头上，不想带走了，帮我拉箱子的司机示意我装上它们。小伙伴们还很有经验地帮我把衣服卷好，塞进箱子。

　　看到路标，走到离加德满都还有六十多公里的时候，遇到了一个大的落石堆，好不容易过去。看到对面有些人和车被堵在了那里，再看那些车，发现车头竟然是与我们相反的方向，忽然想到，它们应该是从山下开上来的，也就说明，从这里开始，通往加德满都的路已经通了。

　　问了一下，果然。

　　这个消息让我们挺振奋，我们让司机去给我们联系车，有几个当地的人围过来，我们的司机和他们讨价还价。我们都说，别计较了，走吧。

　　就在这时，震后第二天最大的那次余震发生了。地面晃动得厉害。乌鸦惊飞大叫。离我们不远的地方有一栋河边的小房子掉进了河里。好在我没看到这一幕，我回头时，只看到了河水中升腾的烟尘。

　　价钱谈好了。车调头往山下方向开，那边的车都很破旧，开得很生猛，转弯也快。开出十几二十分钟的样子，我慢慢习惯了。

　　这时我忽然隐约听到车厢的后半部好像有声音传来，低沉而柔和，像是寺庙里很多僧人一起念经的声音，是谁在放音乐吗？我回头看了看，小伙伴有的在看窗外，有的在打盹。声音消失了。

隔着过道，恰恰拿着手机，似乎睡着了。这个手机是我们这两天唯一对外联系的途径。这时我听到手机有信息提示音，拿过来看到是她妈妈在问，你怎么样，回答我们。我没叫醒她，替她回，很好。放心。

说真的虽然车有些破，那一路的景色还是不错的。

破车的喇叭很响，和国内的声音不一样。车开得像是在纪录片里看到的一样，飞快。景色在车窗外闪过，那么窄的路，错车也没有减速。管它呢，听天由命吧。

幸好刚通车不久，山路上车不多。

小伙伴们到底是小孩们，好几个睡着的，我们的司机和开车的司机聊得蛮热闹。

路过一个大些的镇子，司机下车吃饭，窗外是个菜市场，小饭馆看上去脏兮兮的，我们没有下车。

这时我们听说从国内来的消息：加德满都机场已通航，只是订票系统瘫痪，要从国内订票，我收到家里发来的信息，儿子已特意从北京回来陪爸爸，父子俩正守在电脑前给我刷机票。老爸有决断力，儿子有执行力，没问题的。

这时李总发短信问到了哪里，我回，已有车，乘车去加德满都。他回，我去接，到停车站下。

终于车进了加德满都。城市挺大，交通有些乱，很多街道比较窄。车在市里行驶，看到地面上也有地震造成的大裂缝，偶尔看到已经倾斜的楼房，总的情况比我想象的还要好。 说明建筑虽然不高不新， 抗震能力还是不错， 不像 8 级地震后一片狼藉， 遍地废墟的样子。 也不知那些古迹是否安好， 还能不能看到。

车子没有去停车场， 我们的司机自作主张， 让车在一个街道前停下， 我们每个人给开车的司机用尼泊尔币付的车费， 比讲好的价格多了些。 我对原先的司机和他的朋友说， 你俩的车费我来付。 他摇头， 意思说， 他俩不用付钱。 我请小白用尼泊尔币为我垫付了车费。 车开走了， 我们的司机又带着我们七拐八拐， 带到了老乡的泰山宾馆。 那也是我们原定后面几天要住的地方。

宾馆大门关着， 推开后， 只有两个看门的当地老头， 不让进去， 指着门上的中文纸条给我们看， 我到大门口看了一下， 楼房没有损坏， 院落宽敞安静。 记得曾经来过这里的朋友说过， 在宾馆的屋顶喝咖啡， 可以看到远处的雪山。 可惜只能相望， 走不进去了。

这时和去外面接我们的李总联系上了， 他听说我们到了宾馆， 说， 你们原地等着， 我这就过来。

大家在大门等着。 我们的司机和他的朋友要回家了， 我叫住他俩， 把包里的一百和几十元人民币分别给了他们作小费， 感谢他们陪我们走出来。 他们也没有客气， 只是说泰山宾馆会给他们结账的。

去接我们的李总开了辆越野车赶过来了。 看上去有些疲惫。 他说地震之后他一直在接送中国游客， 他的车也忘了放在哪儿了，现在开的是一个朋友的车。我说你先把小白给我垫的车费给还了吧，不好意思欠小孩的账。三个东北哥们早就看到宾馆对面有一家中餐馆，建议先好好吃一顿。李总说，这里不能久留。我送你们去个安全的地方，到了那里，赶快订机票，尽快回去。我们大家都决定跟他走。只是恰恰要去找她之前订好的旅店，也在这附近。我让她和我们一起走，这时候大家别分开。但她坚持要离开，小白说别勉强。于是只好看着她走了。

李总分两拨送我们去皇宫大酒店的草坪那儿，他说从昨晚起很多游客都在那里。

我坐在副驾驶位上，路上看到倒塌了的皇宫院墙。这时，李总告诉我，就在昨天下午，加德满都的杜巴广场、老皇宫、神庙、尼泊尔标志性的古塔，都被破坏了。甚至是毁灭性的破坏。看得出他很心痛，我也难过，不明白，这些我向往已久的千年文明古迹，为何就在我将要到来的前两个小时被毁掉了？他还说，本来几个老乡，还有国内新华社驻加德满都的朋友都商定好了陪我游古迹以及周边风光的线路……

问了一下当时加德满都的情况，他说那会儿他在二楼餐厅正出来时，忽然感觉整栋楼晃动起来，情急之下抱着二楼的一根廊柱，随着楼房晃了感觉有两分钟的样子，快要崩溃时终于停了下来。而另一个河北老乡，宾馆的会计，在往外跑时，被外力甩了出去，摔断了腿，已安排员工陪同，乘坐昨晚的飞机送回国了。别的人都还好。

皇宫大酒店，绿草如茵，聚集着世界各地的游客，喝茶，聊天，等待。

我们两车人先后都到了草坪上。恰恰不在，大家用李总的手机联系家里订机票。这时酒店里一个领班，高个子，黑黑的，看着不像是尼泊尔当地人，不停地围着我们叨叨，意思是我们不是这儿的房客，不能待在这儿。他还分别把小摸和小白带去前台，作为我们前后两车人的人质，直到我们离开。那是我见到的唯一一张没有人性的脸。

当时机票很紧张，儿子差一点订上当天夜里十一点的航班，因为我的护照号老发不过去，没有订上。于是给我订了明天十二点飞广州、再由广州飞北京的机票，儿子发来信息说，这个航班也只有公务舱了，妈妈回来时好好享受吧。

另外的小伙伴大部分只订上了后天的机票。

等我们都订完机票，也被那个领班叨叨烦了，决定离开那儿。于是李总又开车送我们去了中国领事馆。

中国领事馆面积不大，小楼，草地，大树，是个闹中取静的所在。

这里完全是一种自然无序的状态。门前是尼泊尔保安，中国人自由出入，自己安排自己，或坐，或卧，或在院子里举着手机，像雷达一样搜索信号。不过，毕竟在这里能看到这么多国人、听到普通话，还是觉得挺亲切的。

李总把我们的行李安置进车库里，他说万一晚上下雨，这里比外面好。他还说，昨晚这里中国人非常多，现在一拨拨都去机场了，人少了很多。

尼泊尔和我国西藏一样，天黑得晚，与中国东部有两小时的时差。那几天，我也不知手机上的时间是当地时间还是北京时间，经常有一种时空混乱的感觉。

感觉当时像是国内晚上六点多的样子吧。夜晚依然来得很慢，依然充满未知的气息。偶尔还有余震的感觉，有时也可能是汽车驶过的错觉。就在院子不远处，很多乌鸦在盘旋，叫得人心里瘆得慌。

车库里有充电板，各种插头，手机也终于充上了电。有三个香港人在我们对面打地铺，用电热壶煮了茶，我们倒进去纯净水，倒出来热茶。好几天没有喝到热茶了。我招呼李总也过来喝茶。

院子里有人在招呼："有没吃晚饭的吗，去吃饭啦！"我们以为是领事馆的工作人员，一问，李总说，那个高个子男人是附近中餐馆的老板，从昨天起，附近有两三个中餐馆的老板，有的来送饭，有的来领同胞去他的餐馆吃饭。就像我的这位老乡朋友李总一次次送国人去机场一样。他穿着夹克衫，戴一顶蓝色棒球帽，很多不认识他的人也一定以为他是领事馆人员。

我没有跟着中餐馆老板去吃饭，那难免有点像难民的感觉。李总开车出去买了些吃的，我简单吃了一点。小伙伴们要么在院子里转着圈找网络信号，要么出去买了饭和水。很快都安顿好了。

车库里很干净，大家围坐聊天。东北哥们说，回去的机票老贵了，这次出来等于花一万多体验了一把野外生存。大家都笑。他们说从沈阳出来，一路上坐火车、坐汽车，光坐车了，等于啥也没看到。这一路上小白话最多，最活跃，可是因为惦记着他的那个姑娘，那个晚上显得有心事的样子。河南女孩自黑在我的另一边，这个喜欢野外生存的女孩儿，带的装备很全。她说，在家里时，每到周末她从不爱宅在家里，即便不出远门，也去周边转着玩。我拍着她的背说，妞儿，以后好好在家待着吧，恋爱，结婚，生孩子，做个乖女孩哦！她说，嗯！

天渐渐黑了，还好没有停电。

那一晚，也许想到天亮即分别，各奔东西，大家都不愿意躺下休息，一直在聊，天南海北，也聊这一路上每个人的见闻。李总不时有事情出去，回来后，也加入我们。我叫他小李总，小伙伴叫他李哥。他还给我带来了一个睡袋。

广东男孩 Andy 还没有订机票，我问他，家里担心吗？他说，我妈妈担心死了。我说，还不赶快回去？他说，不回去。好不容易来了，多待几天。然后问李总，我留下和哥哥一起做志愿者吧？小白说，我也留下做志愿者。李总说，好啊，等明天旅馆能住了，你们跟我回去住。我说，你也快回家吧！他说本来已经订好了明天中午回国的机票，可是今天又退了。他又说，旅馆里的旅客都疏散了，没什么事情，可是看着这么多中国人，人生地不熟的，我毕竟在这儿待了几年了，了解情况，能帮帮就帮帮吧，等咱们的人都走了，我再走。在这之前，我还想着说服他和我们一起回去，可是听了他的话，我好像无话可说了。其实对于很多人，在当时，这都应该是一个再正常不过的选择。后来，我找到一个理由：每天听乌鸦叫，你不瘆得慌吗？他说，不会的，在这里，乌鸦是神鸟。

对面的香港人也在聊天，他们说，据预告，夜里十二点会有大的余震，于是我们说，等到余震过了再睡觉。李总说，哪有余震能预告的？你们休息吧，昨天的 8 级地震这里都没问题。我还要再送几个人去机场。他出去了，我们也渐渐睡着了。

我睡了一个多小时就醒了。东北哥们那呼噜打得没心没肺地响，我身边的小白单薄的小身板蜷缩着，看着那么瘦小，他只穿着单衣裤，318 国道上，我还曾把离热风近的座位换给他。看着他，我想，不管他和那个女孩结果如何，人在年轻时有这么一场义无反顾的爱情，也是值得的。我把棉衣给他轻轻盖上。起身坐了一会儿，感觉再难入睡，便起身来到院子里。院子里有人在小帐篷和睡袋里，也有人坐着。

我去大门口那儿的洗手间，看到李总的越野车停在那儿，走过去，隔着车窗，看他在驾驶座位上看手机，我敲敲窗，他打开车门，说刚刚又去机场送了几个人。我说，你也抓紧时间休息吧，明天还要忙呢。他去后座上休息。我坐在副驾驶位上，用他的手机看了下国内新闻，什么中国霸气撤侨、中国人拿着护照上飞机、国人群情沸腾的消息，还有媒体上那些房倒屋塌、人员死伤的图片，没什么实感，仿佛那些事情和眼前的处境关联不大。后来，又看了加德满都那些古迹地震前后的对比照片，想想就这么近在咫尺却无缘相见，再次有点伤感。看到那个七千人的死亡数字，他们幻化成我一路上看到的一张张具体的面孔，生动而安详，男人、女人、老人和孩子。

再后来，竟然在座位上睡着了。

唉，习惯的养成竟然也简单。318国道上，在车上睡了一夜；在那个不知名的小乡村，也在车上睡了一夜；今天是第三夜，我竟然习惯在车上睡觉了。回到家里会怎么样呢？不会一到睡觉的点儿就去找车钥匙吧？

忽然被车外的声音惊醒，人们在走来走去，院子里人影幢幢，说话声此起彼伏，还有几只狗拉着长音惶恐地叫着。

原来三点时，有一个余震刚刚过去。人们都跑到了院子里，睡着的人也起来了。我竟然没有感觉到。

四点，人们还在院子里站着聊天。自黑那丫头醒了，看到我没在身边，出来找我。

五点，天渐渐亮了。小白也起来了，把我的棉衣叠好，递给我说，谢谢姐姐。

有些人开始收拾行李，准备去机场了。

早晨六点多，我们也都收拾好了行李。

小伙伴们的航班不同，行程不一样，只能就此别过。

　　我招呼他们几个，在领事馆住过聊过的车库前，用手机拍了两张合影。然后拥别——"再见！""姐姐再见！"

　　李总第一车送我和三个东北哥们。装上行李，驶出了领事馆。

　　早晨的加德满都依然平静。车不多。能看到有的地方管道挖开了，大的修整还没开始，毕竟余震还没结束。

　　车走过的那一路，也许就像来时一样有我向往多年的圣地神迹，它们默默地在那里，以另一种残缺的姿态与我擦肩而过，我在心里默默与它们道别。

　　本来以为去机场要走一段很远的路。不想，好像车开了一会儿，我便看到前面广场上有很多人，车停下了。李总说，机场到了。

　　机场到了？在哪里？原来前面这个乱哄哄的广场就是加德满都机场的广场，再看眼前这一排低矮的红砖楼房，就是候机室了，这和我们在国内看到的"高大上"的机场反差也太大了，像我们多年前的长途汽车站。

　　李总帮我们拿下行李，还要去接下一拨人。就此握手告别——"自己多保重！""到了，来电话！"

　　他的车开走了。我们四个站在那儿。眼前的情景曾经在电影中看过。

　　每逢战乱、天灾，机场都是最凄惶，也是最有希望的所在。此刻，这个小小的、其貌不扬的机场，仿佛聚集了全世界的人。各种肤色，各种语言，男男女女，大包小包。

走吧，按照事先打听好的，去找中国人的进站口。其实哪里分得那么清，每个进站口都排着长长的队伍。身前美国人，身后印度人，旁边尼泊尔人、欧洲人……我感觉自己像是联合国的人。

人多，但是秩序还是有的。尼泊尔保安用绳子拦着门，一个或者几个人地往里放。一个美国女人，守着自己庞大的包，扮演警察角色，指挥着插队的人退回去。好吧，我的飞机最早，还有好几个小时呢，咱不急，有美国人在那儿操心呢，咱不急。我和三个东北哥们一边慢慢挪动，一边聊天。他们说，机场虽然破点吧，抗震级别应该是挺高的，所以说在这里有安全感，还能买到食物。我说，从你们昨晚打呼噜的情况看，你们需要养生了。他们表示回国后一定考虑。各种语言的交织中，又一个多小时过去了。不看表，看表也没用。终于到了进站口，让保安看了手机上的订票信息，放我们进去安检。就在我们往里走时，听到门口喊口号的声音，有一帮人在排着队呐喊，好像是抗议他们国家一直没有派飞机来。

非常时期，安检不是很麻烦。只是高个子的东北哥们被拦下了，比画了半天才明白，原来他身上带的在樟木换的尼泊尔币太多了，安检员让他出去找银行换回人民币再走。他出去了。我和小苏、小于等得无聊，想起还没吃早饭，就找到小卖部买了水和饼干，我还是没来得及换尼泊尔币（这次出国真是省钱了），于是我负责选购，他们负责付费。然后坐在一个停用的安检机输送带上等那个哥们。过了半小时，他来电话说找不到银行。我用于志强的手机给李总打电话。打了几次联系上了，他说，这一早晨他已经跑了七次机场了，车没油了，人也跑不动了。先把尼泊尔币带回国内再说吧。后来，马长明不知怎么说服了安检员，反正被放进来了。

我订的是南航的机票，九点半后才可以换登机牌。我去询问时，看到一个清秀的尼姑，一直站在那儿，问她几点的飞机，她说她的护照在入境时被留在了中国大使馆，规定是回国前一天去拿。可是地震后，去大使馆找不到人，拿不出护照，虽然进了机场但是走不了。我说，你去找找国内航空的人想想办法吧。离开时，我们握了下手，她的手很凉。

我去排队了。和东北哥们告别，相约后会有期。

排队换牌时，我站的公务舱的队伍，人比经济舱的少很多。换了牌，托运了行李。轻松了很多。去二楼，填表。出境。开始候机。

二楼的候机室像个大集市，不管哪个区，走廊、地上、座位上，到处都是人。

不光是各种肤色，在室内更突出的是各种体味。浓烈的香水味，衣袍上的酥油味，还有咖啡的味道，腻乎到一块儿，让人难受。

没有广播，没有电子提示牌，没有服务人员解答，也听不明白。你在哪个区候机、哪个登机口只有自己去找。

只有一个办法，找国人面孔最多的地方，国内的南航、东航、川航，登机口应该离得不远。

　　时间还早，依然不急。先休息下再说。在走廊的转弯处，我看到有几个熟悉的面孔正说得热闹，便过去和他们一起坐。问他们是不是也是南航的飞机。他们说不是，他们是回香港。听他们说，也是走了几个小时的路进山，又走着出来的。他们去尼泊尔偏远乡村拍生活纪录片，当地人很善良，很配合。我看了他们手机上的照片。那些老人、女人、孩子的面孔，虽然贫穷、黝黑、瘦削，但是轮廓分明、眼神深邃、表情宁静，甚至有一种说不出的优雅。和他们一起坐的，还有一个马来西亚籍的云南女摄影家。他们说起这次的作品都很兴奋。尼泊尔是摄影家的天堂。我们一起分吃了零食，拍了合影，和云南女摄影家交换了微信。

　　时间差不多了。我说，拜拜，我要去找我的飞机了。

　　转了好几个乱哄哄的厅，终于找到了南航所在的候机厅。很多中国人。找了个座位，问旁边的两个男士："你们是南航吗？""是。""哪个航班？""3068。""天哪，3068不是昨晚十一点多的吗？""是啊，我们昨天就到机场了，在这儿等了一夜了。""3068还没来，那我的6068呢？不是更晚了？"……

　　他俩是安徽人，来尼泊尔做生意，原本定的也是这两天回国，结果给困住了。昨天订机票时，我家里也差点订上3068，结果我的护照号给晚了，只得订第二天的6068。

　　想到家里的父子俩打算今晚我在广州换机后，他们开车去北京机场接我。于是用安徽人的手机给家里发了条信息，飞机可能晚很多，等消息，先别去北京。

又是茫然的等待。不会在机场再等一天吧？

隔着大玻璃窗看停机坪的情况。不时有世界各地的飞机落下，卸下救灾物资，还有穿红衣服的抢险队员和警犬。这些以前在电视中看到的画面，此刻就在眼前。眼看着一架大空客落下，有人说是法国飞机，它卸下一些物资，然后拉上二三十个自己人走了。

登机时间快到了。一直没见国内的飞机落下。

下午一点多了。我看到一些人围着一个穿南航工作服的女人，我也走过去，听她在解释3068的情况，因为加德满都机场没有停机位，一直在国内等待打卡，无法起飞。我问，那6068呢？她说，6068情况还好些，已经飞过来了，就在机场上空打转，降落不下来，但是也不能飞回去了，飞机上的油不多了，再过半个小时，飞机场只能安排它降落了。再等一下吧。我说，把3068的人也带回去吧。她说会请示的。然后她招呼大家去一个角落里领水，还说安排了蛋炒饭，一会儿就送过来。

这是个好消息。起码没有预想的那么坏。

又借手机给家里发了信息，晚点不是太多，到广州之后联系。

下午两点多的时候，南航的6068果然降落了。3068的乘客开始群情激动，表示如果不让他们走，就不让6068起飞。

我真的很理解他们，也希望能和他们一起走。这时那位女工作人员又出现了，她温和而清楚地解释，3068也已经从国内起飞了，再过四十分钟就到达机场，请大家耐心等待一下，这时候改签反倒更麻烦。说服还是见效的，再加上非常时期，大家还是表现出了克制和冷静。她说，蛋炒饭来了，大家可以领盒饭了。3068的大部分乘客都去领盒饭了。我去帮忙。听到有人开玩笑说，完了，一盒蛋炒饭就给收买了。

6068开始登机了，还换了两次登机口。忽然听到有人叫"瑞姐"，原来是两个东北哥们改签成功，也和我乘坐同一架飞机。高个子哥们没有走，他明天飞拉萨。接着又听到有人叫"姐姐"，原来三个广东女孩也来了，圆脸的可爱妞艺琦、周小摸和不爱说话的仪仪。她们也改签到了这架飞机，这下可以一起回国了。我手里的盒饭刚吃了一小半，余下的用勺子一口口分给她们，她们背着包，像小鸟一样张大嘴接着。

同机的还有香港人和不少到广州转机的老外。上了飞机，我才发现我和两个东北哥们还有三个女孩竟然都是公务舱的机票，座位离得不远，真不知那些经济舱的人是如何买到票的。

上了飞机又等了半个多小时。

我去洗手间时，和空少小弟说，好不容易把你们盼来了，他们说，我们也急呀，一直降落不下来，幸亏我们的机长多坚持了十几分钟，不然又要飞回国内等候了。

四点多，飞机终于起飞了。

飞机离开地面的那一刻，我相信每一个人都百感交集，但看上去都波澜不惊。

飞机还在升高中，我们就都睡着了。

后来看到网上很多人骂南航卖高价票，但说真的在那种情况下，他们能飞过去，把国人接回来，干得还是不错的。

据说地震当夜南航就带上旅客飞走了一个航班。那些人是不是持护照上的飞机，到现在我也不知道。

飞机平稳飞翔，开始送饮料时，我们醒了。

我和邻座的于志强都要了半杯红酒，碰了下杯。约好到广州住下后，一起去吃饭，再好好庆祝。

飞机送餐时，除了正常的盒饭，还给每个人加了个热乎乎的小面包。

大约飞了四个半小时，从飞机上看到了灯火璀璨的广州。上个月，我才刚刚来过。

飞机落地那一刻，听到有人喊了一声，终于回到中国了。全体鼓掌。

下飞机时，刚打开手机，家里电话第一时间进来，我向他们报了平安。紧接着很多探问、问候的短信、微信接连涌入。谢谢我亲爱的朋友们。

出关。俊朗的海关帅哥，叫着每个人的名字并微笑着说，欢迎回国。

出了海关和艺琦她们分手，她家在深圳，老公已经来接了。看到了手捧鲜花的接机者，还有媒体在采访刚刚落地的旅客。

　　已经是晚上九点多了。我原先预定的广州转机飞北京的3107次航班，九点起飞，肯定是赶不上了。取了行李，两个东北哥们给我看着行李箱，我去三楼办退票手续。广州的机场太大了，简直要转晕了，才找到南航的值班主任，拿到了退票单。后来儿子办理网上退票，发现这张票竟然退了6 000多元。这么算下来，从加德满都飞回广州，只花了2 500多元。这是后话。

　　找到于志强他们，我们又去订了明天返程的机票，我八点飞石家庄，他们七点多飞沈阳。原来他们和家里只说了去拉萨，没说去尼泊尔，即便如此家里也还是急坏了，一下飞机家里电话追过来，于志强说："老婆还以为我玩疯了不回去，找我哥，让我哥把我整回去。我是不回去吗，我是回不去呀！"

　　订好了机票，顺便在机场订了附近的宾馆。有车送过去。

　　住下后，洗澡，洗头发。换了干净漂亮的衣服。我们仨一起走出宾馆，吃晚饭。灯光明亮，晚风清爽，用他俩的话说，瞅哪儿哪儿顺眼啊。

　　在一间潮州菜小饭馆，要了几个小菜，三瓶啤酒，边喝边聊。

　　回到宾馆，我看信息，听留言，一一回复。

　　第二天，宾馆的车送我到机场，他俩已经在候机了，再次约定后会有期。

十一点多，飞机在石家庄机场降落，取了行李，还没出闸口，就看到家里两个高大的男人已经在外面等了。

至此，中国拉萨、尼泊尔之行结束。

回来后，小白把我拉进了"4·25尼泊尔"微信群，几个小朋友都在。

我走后，小白分别在领事馆和重灾区做了两天志愿者，然后接上了那个女孩和她朋友，陪她们飞回昆明。女孩没有接受他的表白，他回到了西宁。现在西宁依然做他的白驼优格青年旅舍。他说，回来后有时还会梦到她。

周小摸回广州后，又按原计划，去了成都和重庆几天，在重庆书店看到我的书《好女人不折腾》，拍了照片给我看。

Andy在凤凰酒店做了几天志愿者，安全返回。

回来第三天，我给恰恰发了短信。她回，她和一帮外国人在加德满都做志愿者。我回，灾后注意瘟疫，早点回家。她回，好的，谢谢。

自黑从尼泊尔去了拉萨。我委托她去看望了我在拉萨的新朋友卓玛和邓都贡布。在广州下飞机打开手机后，听到了卓玛在微信里的声声呼唤。地震以后她一直为我担心。自黑听到我的留言，马上去了团结新村，去了邓都贡布的藏饰小店，和卓玛拍了合影发给我，她俩笑得很开心。卓玛发来语音："看到你的朋友，我很高兴，我捧（抱）着你的朋友都要哭了……"

5月4日，在尼泊尔的李总才返回国内，那天他在加德满都机场自拍了给我们看，空落落的候机室，镜头里只有他自己。后来我听说小李总因为在地震中做志愿者，帮助了不少中国人，他和他的泰山宾馆得到了中国商务部的表扬。

艺琦在看她的小店，每天上博客看我写尼泊尔游记。她说，我的文字带她重走了一遍尼泊尔，也让她走进了我的内心。

最后一个知道消息的是贩牛的商人，他在樟木被困几天，通车后被送回日喀则，又过了两天，统一送到拉萨，强制返乡，每人发了两千块钱，他说他不想回去，他还没买到牛呢……

小朋友们说，明年 4 月 25 日再去尼泊尔吧，重回那个小山村，再走走那条山路到加德满都，感谢那些帮助过我们的人们……

我说，我可能——不会再去了。

回家后，我才知道，在尼泊尔的那两天，除了那次 8.1 级的大地震，我们还大约经历了一百次余震，那是每一次都足以引起一个城市恐慌和混乱的余震。我想，看来我把自己这一生和很多人一生要经历的地震都经历完了。

就在昨天，看到朋友雁翎发给我一篇文章，其中有这样一段文字："尼泊尔有预言，当世界末日来临的时候，圣地的老建筑会慢慢消失……另一种说法是，圣地的灾难会挡掉很多世界的灾难。"这句话让我无比辛酸又无限敬畏。

今天是 2015 年 5 月 12 日，又听到了尼泊尔 7 级余震的消息。

愿天佑尼泊尔。

后　记

　　这个夏天的清晨，阳光透过百叶窗的缝隙照过来，窗外树林里鸟的叫声婉转清丽。而冬天的时候，白雪覆盖地面，我有时会推开窗户，向外抛洒一点食物，然后，看着那些鸟儿，在树枝上飞起落下，依然快活。天生天养，它们是大自然最省心的孩子。

　　此刻，我在窗前为即将出版的作品集《一只羊其实怎样》写这篇后记，也许有一只流浪猫正悄悄地从窗下经过，去赴一场约会。万物共生，是这个世界最好的状态。

　　说前面这些，其实是为了说我的《一只羊其实怎样》；说前面这些，是因为我还没想好该怎么去说它。是啊，一只羊其实是怎样的呢？这么多年了，我经历过它，写下了它，它一直长情地陪伴在我的生命中，但它依然是我的困惑。于是，在心里，我越发同情起在今年广州市中考语文试卷上，那些与它劈面相遇的小读者们。

　　就在今年的 6 月 15 日下午，我无意间在微博上看到来自广州的一名中考生的留言，才突然得知，我的《一只羊其实怎样》被选为今年广州市中考语文试卷现代文分析题，共有五道大题，当时我感觉有些惊异，有些日子没有它的消息了，没想到它竟然独自去了南国的羊城，走上了中考试卷。紧接着，微博上收到了更多考生的留言，他们争相告诉我在试卷上看到那只羊时的感觉，并证实了那只羊的出现引起的满场讶异。

那个下午，我忧喜参半。忧的是作为原作者，我太了解这篇作品的容量和内涵，它并不太好把握，而这些从小生活在城市里的中学生阅历有限，思维方式也有局限，阅读分析这篇作品会不会给他们带来困扰，从而影响了成绩？喜的是我的羊神性尤在，竟然通过这样一个难得的机缘，让羊城那么多中学生看到了它，了解了它，同时也了解了世间万物皆有灵性，从此在他们心里种下慈悲与敬畏的善念。

于是那几天我一直在微博上陪着他们，和他们聊天，听他们诉苦和表达内心的震惊，他们还做了那只羊的表情包发给我，把答案发给我让我评判。让我感动的是，不少同学在表达了紧张和困惑之后，依然会善解人意地告诉我："作家姐姐，我喜欢你的那只羊。"

关于这只羊，我很多时候都是这样，好像有很多话要说，却又似乎无话可说。就如同，当你在一棵植物上看到它同时长出两片对称的闪亮的嫩叶，你会知道大自然的生灵都有着超乎你想象的神奇和不俗。

关于这只羊，十八年前，当我写下它时，是因为童年和它相处的经历，在心里积压长久的情感和感受，需要一个出口。我还记得那个写作过程，完全没有做作，几乎不假思索，一气呵成，所以它宛若重生。从此那些文字带着那只羊的生命能量，开始独自行走世间。

关于这只羊，后来，当初把它喂大的二哥曾经告诉过我它的来历，它的更多的神奇，以及我们都不愿提及的它的结局。但我想，它是已经谅解了这个世界，谅解了人类，也谅解了我们，所以它才这么坦然、无畏，所以它一次次帮助我，成全我的梦想，包括这次《一只羊其实怎样》作品集得以在暨南大学出版社出版。

这些年，我是这个世界的观察者和记录者，然而，对我来说，最看重的是我的文学作品，它们蕴含着我对世间、对人性的理解和祈愿，是我心灵世界的一部分。

这本精心挑选的作品集里，收录了关于这只不凡的羊的结局的后记；2001 年获《北京青年报》"天天杯"散文大赛一等奖时，张洁、史铁生、肖复兴等名家评委对它的评语（见封底）；原《小小说选刊》《百花园》总编杨晓敏先生的赏鉴；还有我和作家朋友们对它的表达。

除此之外，还有像《老站舍里的老鼠妈妈》这样一组让我们放低身段平视世界、了解万物有灵的文字。

本集中三个长篇散文《我的老师叫郭伯溪》《你做了这辈子最漂亮的一件事》《离亲泪》，是我格外珍惜的作品，亦真亦幻，虚实相间，每个人都会在人生的不同阶段遇到一些对命运走向产生过深刻影响的人，这种影响将贯彻一生。

在这本作品集里，即使是《原来 老子真的很老》《一个人在草地上放一群羊》这类的小文，也是我所喜欢的，我们的精神世界无时无刻不在悄然发生着一些奇妙的转化。

在这里，要特别提及《尼泊尔"4·25"地震亲历记》，这是我这些年走过那么多山山水水之后，写下的唯一一篇长篇游记，记录了在2015年尼泊尔那场大地震中，那些难忘的时刻。当我目睹山河破碎的场景，领教了大自然的威力，才真正懂得我们人类是多么渺小和缺乏自省。还记录了在那个著名的佛教国家，面对灾难时，来自世界各地的人们不同的情境。

外面的世界如此喧嚣和浮躁，让我们安静下来，回到内心深处，这时我们也许会稍微明白，在这个世间，那个自古就有的，至高至简的奥秘——"人能常清静，天地悉皆归"。

此刻，当我即将完成这篇后记的时候，我的微博上又收到了好几名中考生的留言，他们在向我报告中考的语文成绩。有些考生的成绩之好，让我赞叹；他们的理解判断能力之强，还有他们的善良、理性、懂事，让我深感欣慰。

我想，无论分数多少，在他们青春年少的成长时刻，有了与这只羊相遇的经历，也许会从此有所不同，"起心动念定乾坤"，愿世界更好。

祝福你们！

杨瑞霞

2018年7月7日